Cada JOVEN necesita un MENTOR

FÉLIX ORTIZ

e625.com

CADA JOVEN NECESITA UN MENTOR
e625 - 2017
Dallas, Texas

Editado por: **Virginia Altare**
Diseño Portada e Interior: **JuanShimabukuroDesign**

ISBN: 978-1-946707-05-5

IMPRESO EN ESTADOS UNIDOS

Quiero dedicar este libro a varias personas:

A Sara, mi esposa, quien me ha acompañado espiritualmente durante más de 40 años.

A Dino, quien fue mi mentor y encarnó para mí lo que significa acompañar espiritualmente.

A Josep, quien en tantas ocasiones creyó en mi potencial y capacidad.

A todos vosotros, gracias.

CONTENIDO

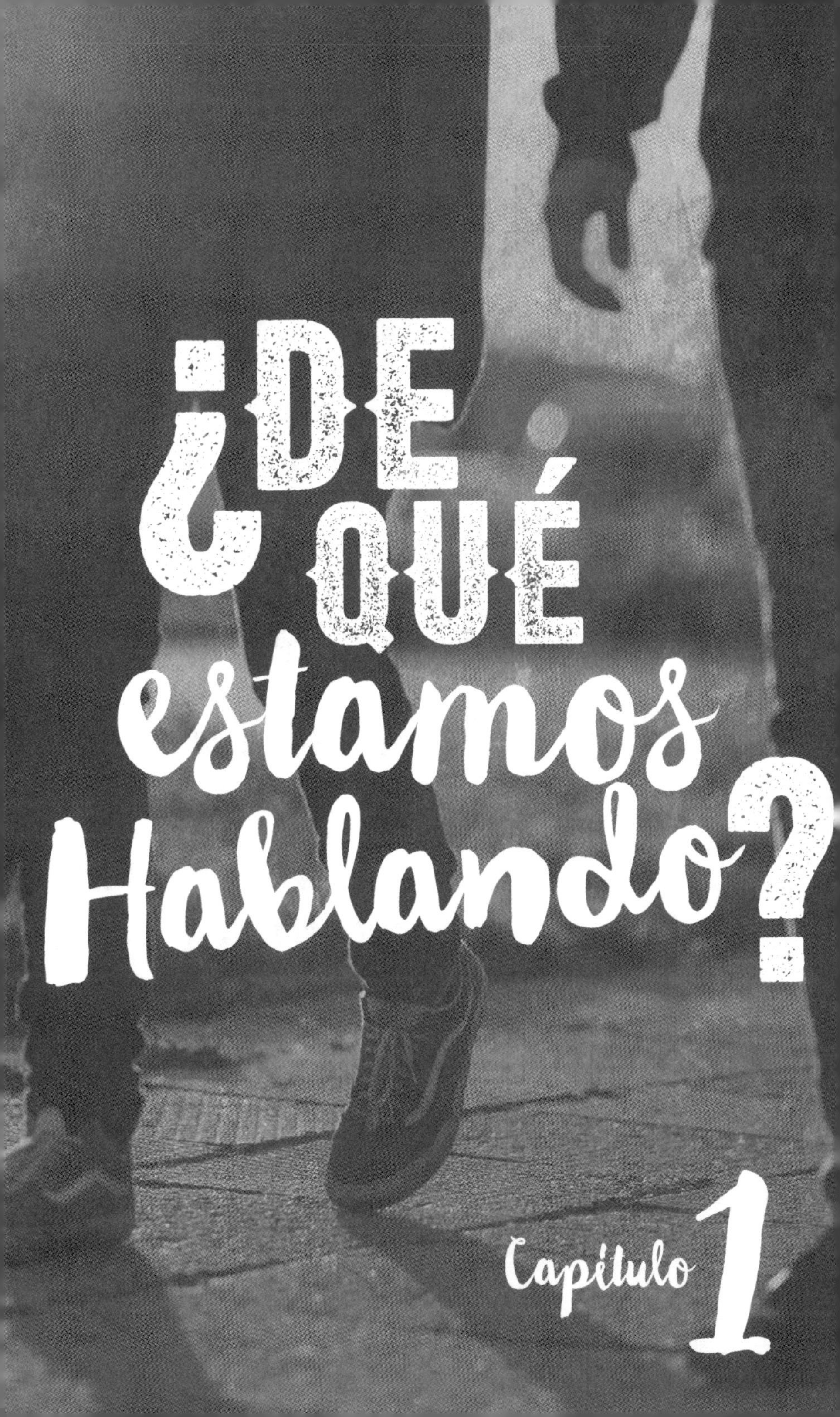

¿De qué estamos hablando?

Capítulo 1

Preferiría alguien
que caminara conmigo
y no que simplemente
me mostrara el camino.

Edgard A. Guest

UNA CUESTIÓN DE LENGUAJE

El propósito de este libro es hablar acerca de la necesidad que todo joven tiene, de alguien que le acompañe espiritualmente y de entrada me veo en la necesidad de hacer algunas consideraciones acerca del lenguaje que voy a estar usando a lo largo de sus páginas. Utilizaré la palabra mentor porque, aunque no aparece en las Escrituras, creo que describe muy bien el trabajo de ayudar a otros a crecer en su relación personal con el Señor.

El diccionario de la Real Academia de la Lengua Española define, entre otras acepciones, al mentor como un guía. Sin embargo, usaré la expresión «acompañar espiritualmente» para describir la acción que el mentor lleva a cabo en la vida del joven. Lo haré porque no existe en nuestro vocabulario el término que describa el trabajo del mentor; necesitaríamos acuñar uno ajeno al diccionario y no me parece necesario. Además, acompañar espiritualmente conecta con el valor de guía que tiene un mentor y capta perfectamente la labor que lleva a cabo en la vida de un joven. En definitiva, mentor y guía espiritual serán sinónimos a los efectos prácticos en este libro; también lo serán el acompañamiento espiritual y el trabajo del mentor.

En esencia un mentor es una persona con mayor experiencia y/o conocimiento que ayuda a otra con menor experiencia y/o conocimiento. El origen de la palabra, como tantas otras de nuestra lengua, es griego. Mentor fue, según la mitología, amigo de Ulises; fue precisamente a Mentor a quien el héroe le encargo el cuidado de sus intereses en su reino de Ítaca y la formación de su hijo Telémaco mientras el marchaba a la guerra de Troya. De aquí nace el concepto de que un mentor es alguien que ayuda en la formación integral de otra persona. Siguiendo con la historia griega, se dice que Aristóteles, el gran filósofo clásico, fue el mentor de Alejandro Magno, el gran rey.

Preceptor y ayo son términos que aparecen como sinónimos de mentor. Durante mucho tiempo el ayo era la persona encargada de la formación y el desarrollo de los más jóvenes en las casas nobles. Era alguien formado y experimentado que preparaba para la vida a las nuevas generaciones. Estas dos ideas, experiencia y preparación para la vida cotidiana práctica, no únicamente la formación intelectual, están presentes en la esencia del mentor.

Mi hija Anna es junior en una empresa multinacional y tiene un mentor que se encarga de su formación. La compañía tiene un programa formal y estructurado en el cual los séniors ayudan a los líderes más jóvenes a entender la empresa y a saber navegar y moverse en las aguas corporativas. Otros negocios tienen la figura del mentor aunque carezcan de la estructura formal que lo sustente. En ambos casos el mentor, el más experimentado y avezado en la situación, pone su experiencia y conocimiento al servicio del junior para ayudarle a moverse hacia delante en el ámbito de la empresa.

Conocimiento y experiencia puestos al servicio de los más jóvenes con la finalidad de asegurar su formación y crecimiento. Esta frase capta la esencia de lo que quiero expresar y compartir con este libro, de lo que significa acompañar espiritualmente a otros; de lo que significa ser un mentor.

EL ACOMPAÑAMIENTO ESPIRITUAL

Me gustaría definir ahora el acompañamiento espiritual, es decir, el trabajo que ejerce el mentor. Es el proceso de ayudar al joven para que Cristo sea formado en su vida y llegue a ser un agente de restauración y reconciliación, un constructor del Reino de Dios. Más adelante desarrollaré ambas ideas en profundidad; basta en este momento saber que ese es el objetivo hacia el que se orienta la labor del mentor, es decir, el acompañamiento espiritual.

Hay una larga tradición de acompañamiento espiritual en la historia de nuestra fe. Podemos ver en el Antiguo Testamento la promesa del Señor de acompañar a Abraham; promesa que posteriormente fue ratificada a Isaac y posteriormente a Jacob. El Señor fue el Dios que guió a su pueblo por medio de la nube y la columna de fuego en el desierto. Tal vez el pasaje que mejor refleja el acompañamiento espiritual del Señor con su pueblo es el que escribió el profeta Oseas:

> *Cuando Israel era niño yo lo amé como a un hijo, y lo liberé de Egipto. Pero después, cuanto más lo llamaba a estar cerca de mí tanto más se rebelaba y era desobediente. Ofrecía homenajes a Baal y ofrecía perfumes delicados a los ídolos. Yo lo capacité desde su infancia, le enseñé a andar y lo sostuve en mis brazos. Pero él ni siquiera se dio cuenta de que era yo quien lo cuidaba.*
>
> *Lo traté con mucha ternura, lo conquisté con expresiones de amor. Yo la alzaba en mis brazos y jugaba con él, contento de ver sus sonrisas. Yo mismo le daba de comer, como a un niño pequeño. (Oseas 4:1-4).*

Sin embargo, la culminación de este acompañamiento espiritual del Señor hacia su pueblo es Jesús. El evangelio de Juan nos dice que vivió entre nosotros y como uno de nosotros. Se hizo presente en nuestra realidad y compartió con nosotros nuestra propia condición como seres humanos; todo ello para guiarnos al Padre. La encarnación de Jesús, el hecho más sorprendente de la historia humana, también nos da claras señales del significado del acompañamiento espiritual. El ministerio de Jesús fue el de un mentor acompañando espiritualmente a sus discípulos en la vuelta al Padre. Cierto que tuvo un impacto en las multitudes, sin embargo, su prioridad fue acompañar a ese pequeño grupo de discípulos, para que después ellos pudieran a su vez acompañar a otros. La fe cristiana es ante todo y sobre todo una fe imitativa. El propio Jesús afirmó:

Les aseguro que el hijo no puede hacer nada por su propia cuenta, sino solamente lo que ve que hace su padre, porque cualquier cosa que hace el padre, la hace también el hijo. (Juan 5:19).

En vísperas de su partida les dijo:

Yo les he dado el ejemplo, para que hagan lo mismo que yo he hecho con ustedes. (Juan 13:15).

Juan, el escritor de las anteriores palabras entendió bien el concepto y lo reflejó en las primeras líneas de su primera carta:

Les anunciamos a ustedes la Palabra de vida que desde el principio ya existía. ¡Nosotros mismos la oímos, la vimos con nuestros propios ojos y la palpamos con nuestras manos! (1 Juan 1:1).

Finalmente, y siempre centrados en el carácter imitativo de la fe cristiana, Pablo afirmó:

Sigan mi ejemplo, así como yo sigo el de Cristo. (1 Corintios 11:1).

No es difícil ver el acompañamiento espiritual a lo largo de estos versículos; el principio de ayudar a otros en su seguimiento imitativo del Maestro.

Pero la cosa no acaba aquí, Jesús continúa acompañándonos espiritualmente por medio de su Espíritu Santo, quien habita en cada uno de nosotros.

No los voy a dejar huérfanos; volveré a estar con ustedes. (Juan 14:18).

Pero cuando venga el Espíritu de la verdad, él los guiará a toda la verdad, porque él no hablará por su propia cuenta, sino que dirá sólo lo que oiga y les anunciará las cosas que van a pasar. (Juan 16:13).

Finalmente, Jesús afirmó:

> *De una cosa podrán estar seguros: Estaré con ustedes siempre, hasta el fin del mundo. (Mateo 28:20).*

El acompañamiento espiritual del Maestro continúa presente en nosotros ejerciéndolo por medio de su Espíritu que habita en la vida de cada uno de sus seguidores.

Existe una larga tradición de acompañamiento espiritual en la Iglesia Cristiana. Jesús Sastre García, en su libro «El acompañamiento espiritual», esboza cómo esta práctica fue desarrollándose históricamente, primero en lo que llamamos la Iglesia Primitiva y, posteriormente, en la Iglesia Católica. Sastre menciona el catecumenado, es decir, el proceso de instrucción en la fe de los nuevos creyentes durante los primeros siglos de la Iglesia como un ejemplo de acompañamiento espiritual. Era un proceso largo y arduo donde los nuevos seguidores de Jesús se preparaban para el bautismo y eran apadrinados por un creyente más maduro en la fe.

Cuando el cristianismo se convierte en la religión oficial del Imperio Romano centenares de miles de personas se adhieren a la fe cristiana. Eso crea en muchos la necesidad de profundizar en la fe, de ir más allá del nominalismo, buscando una espiritualidad más rica y comprometida. En Oriente se plasma en la espiritualidad que desarrollan los llamados «padres y madres del desierto». En ella se desarrolla un acompañamiento espiritual que se articula por medio de la relación maestro y discípulo en el contexto físico y espiritual que representa el desierto. En Occidente se organiza alrededor de la vida monástica y el papel de acompañamiento espiritual que representan los abades de los monasterios, por ejemplo, en las instituciones benedictinas de este tipo. Las referencias a esta práctica dentro de la actual Iglesia Católica serían muy abundantes; sólo mencionaré la rica tradición en este sentido que han desarrollado los Jesuitas. Jean Grou, un jesuita del siglo XIX, desarrolló un manual para la dirección espiritual. En el mismo escribió:

> *«Dirigir un alma es dirigirla en los caminos de Dios, es enseñar al alma a escuchar la inspiración divina, y responder a la misma».*

También existe una rica tradición protestante aunque no siempre se ha usado el mismo lenguaje. Keith Anderson y Randy Reese, en su libro «Spiritual mentoring, a guide for seeking and giving direction» (Mentoreo espitirual, una guía para buscar y dar dirección), dicen con respecto a la tradición de nuestras iglesias:

> *La práctica de la guía espiritual ha sido siempre parte de la práctica de las disciplinas espirituales protestantes, aunque el lenguaje de la dirección espiritual no siempre ha sido significativo en el vocabulario protestante. Zwingli aconsejaba que los cristianos debían confesarse únicamente a Dios, pero si pareciera necesario, el cristiano debería consultar con un consejero sabio. A Juan Calvino se le llamaba «director de almas» y Richard Baxter, escribiendo a otros puritanos en 1656, mencionó cuatro grupos de personas que necesitaban atención especial: los inmaduros, los que tenían alguna corrupción de tipo especial, cristianos tibios en su fe y los fuertes. Este último grupo, afirmaba, son los que precisan mayor cuidado.*

El punto a reseñar es que en todas las tradiciones cristianas históricas el trabajo del mentor, director espiritual, acompañante espiritual o discipulador siempre ha estado presente; el vocabulario habrá variado pero el concepto ha permanecido aunque expresado de muchas formas diferentes.

¿POR QUÉ CADA JOVEN NECESITA UN MENTOR?

1. SIGUEN NECESITANDO REFERENTES

Mark Prensky es uno de los gurús de la educación contemporánea. Fue quien acuñó el término «nativos digitales» para referirse a las nuevas generaciones de jóvenes, aquellos que han nacido plenamente en la era digital. (Aunque hay discrepancia en cuanto a las edades, ya que no deja de ser una diferenciación arbitraria, se consideran nativos digitales aquellos que han nacido después de 1990; otros autores, sin embargo, sitúan esta fecha en 1985). En contraste, las personas con más de treinta años podrían ser considerados «emigrantes digitales». Ambos términos no tiene que ver única y exclusivamente con la mayor o menor capacidad para utilizar las nuevas tecnologías, sino con maneras total y radicalmente diferentes de procesar la realidad y la información.

Como resultado de sus investigaciones Prensky afirma que:

> *Los universitarios de hoy constituyen la primera generación formada en los nuevos avances tecnológicos, a los que se han acostumbrado por inmersión al encontrarse, desde siempre, rodeados de computadores personales, consolas de vídeos y videojuegos, música digital, telefonía móvil y otros entretenimientos y herramientas similares. En detrimento de la lectura (en la que han invertido menos de 5.000 horas), han dedicado, en cambio, 10.000 horas a los videojuegos y 20.000 horas a la televisión, por lo cual no es exagerado considerar que la mensajería instantánea, el teléfono móvil, Internet, el correo electrónico, los juegos de PC... son inseparables de sus vidas.*
>
> *Resulta evidente que nuestros estudiantes piensan y procesan la información de modo significativamente distinto a sus predecesores. Además, no es un hábito coyuntural sino que está llamado a prolongarse en el tiempo, que no se interrumpe sino que se acrecienta, de modo que su destreza en el manejo y utilización de la tecnología es superior a la de sus profesores y educadores.*

El Dr. Bruce D. Berry de la Universidad de Baylor citado textualmente por Prensky en sus investigaciones afirma:

> *Diversas clases de experiencias conducen a diversas estructuras cerebrales, cuya afirmación nos hace pensar que, debido a dicha*

> *instrucción tecnológica, los cerebros de nuestros jóvenes experimenten cambios que los convierten en diferentes a los nuestros.*

Un artículo de CNN en español del año 2013 al referirse a los nativos digitales indica lo siguiente:

> *La guerra entre los nativos y los inmigrantes terminó. Los nativos ganaron. Fue un conflicto sin derramamiento de sangre, peleado no con balas y lanzas, sino con iPhone y disquetes.*
>
> *El «nativo digital», un término acuñado por el autor estadounidense Marc Prensky en 2001, emerge como el grupo demográfico dominante en el mundo, mientras que el «inmigrante digital» se vuelve una reliquia de un momento previo. El concepto describe el cambio generacional en el que las personas son definidas por la cultura tecnológica con la que están familiarizadas.*
>
> *Prensky define a los nativos digitales como aquellos que nacieron en una «cultura nueva», mientras que los inmigrantes digitales son pobladores del viejo mundo, quienes vivieron en una era analógica e inmigraron al mundo digital y luchan más que los nativos para adaptarse al progreso de alta tecnología.*
>
> *El autor del libro «Enseñando a los nativos digitales» dice que la explosión de la tecnología en los últimos 10 años es solo el comienzo de un mundo nuevo simbiótico. Las computadoras y los teléfonos se vuelven una extensión del cuerpo y la mente, creando una población parecida a los cyborgs.*

Diríamos, pues, que los inmigrantes digitales se comunican de modo diferente con sus propios hijos –o con los jóvenes de sus iglesias- ya que se ven en la obligación de «aprender una nueva lengua» que sus vástagos no sólo no temen, sino que conocen y dominan como nativos; lengua que, además, ha pasado a instalarse en su cerebro. Para Presnky esto plantea igualmente un problema, establece una brecha digital y un abismo generacional que no puede ser ignorado ya que los inmigrantes digitales están empleando un lenguaje distinto en la enseñanza, propio de una edad pre-digital, para instruir a una generación que controla perfectamente la lengua digital.

Personalmente, como educador, esto me plantea serías cuestiones que precisan de una reflexión muy seria en relación a la forma en que estamos transmitiendo la fe a las nuevas generaciones. La ciencia nos está demostrando que los jóvenes con los que trabajamos en nuestras iglesias –todos ellos nativos digitales- tienen desarrolladas capacidades diferentes en sus cerebros producto de la constante exposición a formas distintas de procesar la realidad. Sin embargo, en su inmensa mayoría nuestros programas formativos están desarrollados por inmigrantes digitales que desconocen, no entienden o no saben cómo manejar esas realidades.

La consecuencia es dramática: estamos diseñando procesos educativos pensados para una realidad –la predigital- que para los jóvenes ya no existe. Sin embargo persistimos en los mismos debido a que nos generan la seguridad que procede de hacer las cosas que dominamos y que siempre hemos hecho, sin prestar atención a si son efectivas, si están en consonancia con los objetivos que deseamos alcanzar y a la forma de procesar de nuestros receptores. Pudiera ser que mucho del fracaso, no sólo en alcanzar a los jóvenes no cristianos de nuestro entorno sino también en mantener a los que han nacido y crecido en el contexto de la iglesia, se debiera en buena parte a la ignorancia y desatención a esta realidad. Dos recursos, uno cristiano, «Me perdieron», por David Kinnaman, publicado por Editorial Vida y otro secular del ya citado Prensky, «Enseñar a nativos digitales», publicado por Editorial SM, pueden ser de ayuda para entender y establecer conexiones entre ambas realidades.

Bueno, esta es, nos guste o no, la realidad de los jóvenes a los que tenemos que acompañar espiritualmente. Pero hay una afirmación de Prensky que me ha resultado muy significativa. En un artículo publicado en el diario español La Vanguardia en el mes de septiembre de 2016, Prensky afirmaba que estos jóvenes no necesitan más información ya que la tienen toda online, afirmaba; lo que precisan son referentes, figuras que refuercen sus vidas. No importa si esta persona es analógica o digital, continúan necesitando un mentor, un acompañante en todos sus procesos vitales y, naturalmente, en los espirituales.

Creo que esa es una buenísima noticia, porque aunque es algo constatable que buena parte de nuestros procesos educativos y de transmisión de la fe se derrumban ante la realidad de estas nuevas generaciones, no es menos cierto que valoran, precisan y necesitan más que nunca el contacto humano y el acompañamiento personalizado en sus procesos vitales. Aquí es donde entra en juego con toda su fuerza y valor el mentor y el acompañamiento espiritual que está llamado a ser una de las herramientas (¡probablemente la gran herramienta!) de formación espiritual de los nativos digitales. El tiempo, si la iglesia es persistente en acompañar a estas generaciones, nos lo demostrará.

2. LOS RETOS DEL PRESENTE Y EL FUTURO LO EXIGEN

No cabe duda de que nos encontramos ante la generación con mayor acceso a la información de la historia. Hoy en día todos los datos en cualquier campo del conocimiento están al alcance con un solo clic en el ratón del computador. No estamos hablando únicamente de contenidos culturales y científicos, sino también sobre sexualidad, estilos de vida y, naturalmente, temas espirituales. Ellos saben mucho más acerca de todo lo relacionado con el sexo de lo que yo a su edad ni siquiera hubiera soñado saber.

El problema con todo este aluvión de información es cómo discriminar, cómo evaluar, cómo tomar decisiones cuando existen tantas opciones; en base a qué criterios determinar lo que es conveniente y lo que no, lo correcto y lo incorrecto. Tener más información no implica necesariamente ser más sabio. Esta es, ciertamente, la generación más informada pero menos formada en términos de carácter, valores y principios. Sin duda tienen a su alcance muchos mares en los que navegar, prácticamente infinitos, pero carecen, en muchos casos, de una brújula interior que les ayude a orientarse en los mismos.

El mentor puede y debe jugar un papel clave en esta realidad. Por medio del acompañamiento espiritual genera las preguntas, los interrogantes y los retos que ayuden al joven a tener que pensar y reflexionar acerca de qué hace y a dónde va con su vida. El mentor ayuda a discernir entre la maraña de información y opciones disponibles cuál o cuáles son las más adecuadas para el joven y más alineadas con la voluntad y los propósitos de Dios.

Muchos de los jóvenes con los que trabajamos están enfrentando retos y situaciones que hace tan sólo unos pocos años ni siquiera existían. Además, el ritmo acelerado y en constante cambio de nuestra sociedad hará que nuevos y más complejos retos se hagan presentes en sus realidades vitales y personales. Dicen los expertos que el mundo hoy en día está caracterizado por cuatro realidades: es volátil, incierto, complejo y ambiguo. Este es el mundo real aunque nos cueste entender y aceptarlo. Nuestro reto como líderes espirituales es acompañarlos a lo largo de este mundo, no únicamente para que puedan sobrevivir al mismo, sino para que puedan producir un impacto y edificar el Reino de Dios.

Justo antes de su muerte tuve la oportunidad de asistir a una conferencia dictada por Steve Covey, uno de los gurús de los negocios y la administración, autor entre otros libros de «Primero lo primero» y «Los siete hábitos de la gente altamente efectiva». En la misma afirmó que el mundo actual presenta territorios (naturalmente no físicos o geográficos) para los cuales carecemos de mapas que nos permitan transitarlos. Esos mapas, afirmaba, deben ser dibujados conforme se van transitando; los antiguos ya no nos sirven de referentes. Sin duda es una buena manera de explicar el reto que tiene el mentor, el acompañante espiritual en territorios nuevos para el alma de los jóvenes.

LA REALIDAD ESPIRITUAL LO DEMANDA

Soy pastor de una iglesia que tiene más de 130 años de antigüedad y contemplo con preocupación, desde el compromiso con las comunidades locales, el abandono de la fe por parte de muchos jóvenes que dejan de asistir a nuestras congregaciones. Alan Hirsch, uno de los mayores estudiosos del cristianismo contemporáneo, afirmaba en su libro «Caminos olvidados» que muchas personas están dejando la iglesia no porque hayan perdido su fe sino precisamente para no perderla. David Kinnaman en su libro «Me perdieron: Por qué los cristianos jóvenes están abandonando la iglesia y repensando su fe», nos habla y explica en profundidad esta realidad y las razones para la misma.

Nuestro modelo de espiritualidad no está dando respuestas a los retos y realidades de la vida contemporánea. No lo puede hacer porque está agotado, exhausto, al límite de sus posibilidades. La espiritualidad que vivimos y practicamos en nuestras iglesias es fruto del repensar la fe que se llevó a cabo en el siglo XIX en Europa y los Estados Unidos. De una u otra manera todos nosotros somos hijos de aquellos movimientos teológicos y espirituales que nacieron para dar respuestas a los retos y necesidades de su tiempo y lo hicieron muy bien. Sin embargo, los tiempos y las realidades han cambiado y no hemos generado nuevas respuestas para los mismos. Nuestro sistema espiritual está llegando a la entropía, es decir, a ese punto en que los sistemas ya no tienen la capacidad de cambiar, transformarse y regenerarse.

No es de extrañar que muchos jóvenes no encajen en el mundo evangélico, que no vean que aquello que les ofrecemos tenga relevancia y les sea de utilidad para vivir la vida cotidiana. La brecha entre la cultura evangélica predominante en nuestras iglesias y la sociedad no para de ensancharse dejando a las nuevas generaciones sin referentes acerca de cómo vivir.

Estoy hablando del agotamiento de la espiritualidad, la cultura y la teología evangélica, no de la Revelación y la fe. La teología es simplemente nuestra reflexión sobre los grandes temas y cuestiones de la fe: Dios, el ser humano, el propósito de la vida, el sentido del dolor, la iglesia, la vida cristiana, etc. Esta reflexión la hacemos desde nuestra realidad geográfica, social, política, económica y temporal y, por consecuente, tiene fecha de caducidad y siempre es limitada en su capacidad de dar respuesta a esos temas. Al ser la teología temporal, local y con fecha de caducidad, cada generación debe hacer su propia reflexión sobre los temas que su propia realidad le está planteando.

Por el contrario, la Revelación de Dios es eterna pero a la vez viva y dinámica. Con ello quiero decir que tiene la capacidad de darnos nuevas perspectivas sobre nuevas realidades. Podemos volvernos a ella para reflexionar y encontrar respuestas a los retos actuales, cosa para lo cual nuestra teología ya no tiene la capacidad. Estoy, por tanto, hablando del fin de una teología, no de la caducidad de la Revelación. El problema radica en nuestra confusión de ambos términos; en creer que nuestra teología y la Revelación son la misma cosa y no podemos distinguirlas ni separarlas. Cuando este problema se da, nuestra fe se tambalea porque está vinculada a un sistema teológico en crisis, en decadencia, carente de respuestas. Cuando los líderes insistimos en vincular ambas cosas le estamos haciendo un flaco favor a la fe cristiana; estamos confirmándoles a los jóvenes que no tiene sentido ni vale la pena seguir una fe sin respuestas y sin la capacidad de generarlas.

En este caos el mentor puede ser una ayuda inestimable para el joven. A través del acompañamiento espiritual puede proveer espacios para la duda, la reflexión y la clarificación de su propia experiencia de fe. El mentor puede generar un espacio de seguridad donde todo eso sea posible y creo firmemente que esos espacios son vitales, urgentes y necesarios para todo joven. Todo eso no nos garantiza que igualmente los jóvenes no vayan a abandonar la forma de fe que les ofrecemos, pero sí garantiza que les damos la oportunidad de tener un diálogo honesto, que podemos acogerlos con sus dudas y su realidad, que podemos ser un referente para ellos, que podemos mantener las puertas abiertas para una eventual vuelta a la «casa del Padre» y que además, para aquellos que decidan seguir los caminos de la fe, les habremos ayudado a que ésta sea más reflexiva, más pensada, más madura y más personal.

Tengo el convencimiento de que una era espiritual acaba y una nueva se está fraguando. Escribo estas líneas a finales del año 2016 y principios del 2017; año este último de la celebración del 500 aniversario de la Reforma Protestante que comenzó Martín Lutero. Aquel monje agustino no tenía la más mínima idea de lo que estaba generando; el reformador no tenía un plan maestro que explicaba cómo desarrollar la Reforma paso a paso. Él, como tantos otros, fue simplemente un actor que se prestó a jugar en los planes de Dios, los cuales desconocía. Dios está fraguando una nueva renovación de la fe para un nuevo mundo y entre tanto muchos líderes estamos confusos, plenamente convencidos de lo que no funciona y no puede continuar igual, pero sin total certeza y claridad de cómo serán las cosas nuevas. Tratamos de navegar nuestro propio periplo y, a la vez, tenemos el reto y la necesidad de ayudar a las nuevas generaciones a hacer el suyo. El mentor no deja de ser alguien que guía a otros mientras él mismo trata de encontrar sentido y dirección en su propio camino, eso sí, contando con la ayuda de Aquel que ha prometido guiarnos a toda la verdad.

LOS JÓVENES DESEAN RELACIONES SIGNIFICATIVAS CON ADULTOS SIGNIFICATIVOS

La Biblia afirma que Satanás es el padre de todas las mentiras (Juan 8:44); una de ellas, que constantemente nos vende la sociedad, es que los jóvenes no quieren saber nada de los adultos, y que éstos no tienen nada que aportar a las nuevas generaciones. De este modo, sutilmente, nos están invitando a que nos desentendamos de la juventud, de nuestros hijos, de nuestros alumnos y de los jóvenes de la iglesia. No tenemos nada que hacer, es mejor dejarlos en manos de especialistas. Nos piden que abdiquemos de nuestra responsabilidad y cedamos el privilegio de influir. ¡Ya se encargará la sociedad de hacerlo! Y ésta, naturalmente, no les transmitirá los valores del Reino.

Sin embargo, no hay ninguna evidencia científica que sustente esa mentira, antes al contrario, los jóvenes buscan y necesitan referentes. Javier Elzo, un sociólogo español y estudioso durante años de la juventud de mi país, afirma en su libro «El silencio de los adolescentes» la necesidad que los jóvenes tienen de referentes adultos, personas de edad que sean significativas en sus vidas y cómo tratan de encontrarlas, demasiado a menudo sin mucho éxito. Elzo afirma que la familia, cuando actúa como tal, continúa siendo la mayor influencia en los jóvenes de mi país, uno de los más secularizados del mundo. Eso sí, la familia debe ser intencional en ejercer sus responsabilidades y privilegios y no abdicar de ellos como les propone la sociedad. El estudio sobre la juventud española realizado por el Instituto de la Juventud en el año 2014 confirma una vez más esa realidad; uso la expresión «una vez más» porque año tras año sus informes reflejan la misma realidad.

Los jóvenes necesitan referentes, puntos de orientación, de contraste, de afirmación. El mentor, por medio del acompañamiento espiritual, puede ser ese referente y punto de orientación en el seguimiento de Jesús. Especialmente, por medio de la creación de ese espacio seguro en el cual la duda, el cuestionamiento es posible y la vulnerabilidad por parte de ambos, el joven y el mentor, puede darse. El mentor puede encarnar lo que significa ser cristiano en la realidad del día a día. Puede compartir su experiencia del seguimiento del Maestro y, en la medida que la madurez del joven lo permita, sus propias luchas y contradicciones. Los jóvenes no necesitan referentes perfectos ¡Son conscientes de que no existen! Pero sí precisan que sean honestos. Un mentor que afirme que nunca ha tenido dudas, luchas, retrocesos en su vida cristiana; que siempre ha tenido las cosas claras y nunca ha experimentado la caída o la frustración, no será un buen referente para el joven. Le estará mostrando una realidad de la vida cristiana que no existe, no es real y no ayuda al joven a experimentar a Jesús, no debido a la falta de dudas, luchas, caídas y contradicciones, sino a pesar de todo ello. El referente está ahí y está disponible. Ambas cosas por sí mismas ya son valiosas para el joven y le proveen seguridad.

LAS TRANSICIONES EN LA VIDA LO DEMANDAN

Desde la preadolescencia hasta la juventud adulta los jóvenes pasan por múltiples transiciones y este tránsito vital no siempre es fácil y, demasiado a menudo, perdemos a muchos de ellos en esos procesos. William Bridges es un autor que ha dedicado toda su vida a estudiar las transiciones en las empresas y en las vidas de las personas. En su libro «Transitions: Making Sense of Life's Changes» (Transiciones: Encontrándole Sentido a los Cambios de la Vida), Bridges explica la diferencia entre cambios y transiciones, la importancia de diferenciar entre ambas y cómo manejar esos procesos.

Un ejemplo puede ayudarnos a entender la diferencia entre un cambio y una transición. Una muchacha deja la escuela secundaria y entra en la universidad. Eso es un cambio; se trata de un evento puntual. Se matricula en la universidad, comienza las clases, conecta con nuevas personas. Se marca el comienzo de una nueva etapa. Estamos hablando de algo externo. La transición, sin embargo, es algo interno, se trata de algo psicológico. Una vieja identidad queda atrás y se comienza a vivir una nueva; nada volverá a ser igual, hay un sentido de pérdida y desorientación. A diferencia del cambio, que es un evento, la transición es un proceso.

Bridges indica que es precisamente en las transiciones mal gestionadas donde se producen muchas de las crisis en las vidas de las personas. Los cambios se producen de un día para otro; las transiciones son procesos largos e internos que deben ser gestionados y para ello a menudo podemos necesitar a otras personas que nos ayuden a encontrar sentido en lo que estamos experimentando.

Sólo a modo informativo vale la pena hacer una breve referencia a las diferentes fases de una transición que Bridges menciona. Conocerlas puede sernos de gran ayuda a la hora de ejercer el trabajo de mentor y acompañar espiritualmente a los muchachos y muchachas en su tránsito vital por ellas. Según este autor hay tres fases claramente diferenciadas.

1. Primera fase, el final. Una etapa acaba –dejó la secundaria- y otra nueva comienza –se matriculó en la universidad-. Bridges afirma que cuando se produce un final la persona atraviesa cinco estadios que son reconocibles e identificables:

   a. La desvinculación. Es la ruptura con aquello que nos es familiar. Nos vemos desvinculados, sea de forma voluntaria o involuntaria, de aquellas actividades, entornos, roles y relaciones que de alguna manera moldeaban nuestra identidad, es decir, quiénes éramos. La desvinculación de lo familiar abre la puerta para renovar nuestra identidad personal; es difícil hacerlo cuando las viejas estructuras están todavía funcionando plenamente.

b. El desmantelamiento. Hemos experimentado un cambio, algo externo. Hemos dejado la secundaria y entrado en la vida universitaria. Sin embargo, toda la estructura mental anterior permanece intacta. No podemos instalar una cocina nueva en la casa sin desmantelar y deshacernos de la vieja. La desvinculación puede ser un evento puntual, comienzo las clases; el desmantelamiento es un proceso que lleva tiempo, me adapto a la vida universitaria.

c. La desidentificación. Al romper las conexiones con un determinado mundo (la secundaria) y tener que desmantelar todas las estructuras relacionadas con él, uno puede perder las formas antiguas de definirse a sí mismo. De una forma u otra muchas personas en transición tiene la extraña sensación de no saber muy bien quiénes son. Supone la pérdida de seguridad que da una etiqueta reconocible.

d. El desencanto. Nos indica que aquello que ayer era bueno y nos ayudaba a entender y vivir la realidad, hoy se ha convertido en algo insuficiente y que estamos listos para poder experimentar más. La vieja manera de entender las cosas era correcta, suficiente y adecuada en su tiempo, sin embargo, es insuficiente para la nueva etapa.

e. La desorientación. Es una sensación de sentirse perdido. La conciencia de que no es posible volver atrás pero el futuro, la nueva identidad, todavía no están claros ni definidos. Este miedo al vacío es una de las razones por las cuales muchas personas se niegan a aceptar las transiciones.

f. El final, en definitiva, comienza dejando ir algo que creíamos o asumíamos, una manera en que siempre hemos sido o nos hemos visto a nosotros mismos. ¿Podría ser nuestra fe?

2. La zona neutra. Bridges la define como ese espacio en el que la vieja identidad ya ha sido desmantelada y dejada atrás, sin embargo, la nueva todavía no está fraguada, no es evidente en su totalidad. Pero es precisamente aquí donde los asuntos importantes de la transición se dan. La reordenación y el nuevo alineamiento interno se están produciendo. Se dan los cambios imperceptibles de una etapa de la vida a la siguiente. Poco a poco una nueva identidad, una nueva forma de afrontar la vida se está gestando y produciendo. ¿Qué va a pasar con la fe en este proceso de reordenamiento vital?

3. Nuevo comienzo. Un nuevo alineamiento interior se ha producido; la vida se ve de una manera diferente. Una duda, un sueño, una idea pueden ser las señales, las evidencias de que el proceso está concluyendo. Una nueva identidad se ha formado y en la misma hemos integrado elementos nuevos y otros pertenecientes a la antigua identidad. La gente que nos conoce bien comienza a percibirnos de forma diferente. En esta nueva identidad es posible que ya no haya espacio para la fe; puede darse el caso que no se considere relevante y útil para las nuevas realidades que la persona está experimentando.

La explicación de cómo funcionan las transiciones en la vida tenía como finalidad ayudarnos a ver el papel clave que el mentor puede jugar en las mismas. Las transiciones son procesos internos dramáticos y con frecuencia difíciles. Bridges indica que son como partos en los que una nueva identidad debe ver la luz y, como un parto físico, no puede producirse sin dolor.

Las transiciones originan miedo, duda, inseguridad, desorientación, sentido de pérdida y ruptura de la identidad personal. Hay elementos de la antigua identidad que deben ser desechados ¿Pero cuáles? Hay otros nuevos que deben ser incorporados ¿Cuáles deben ser? Los jóvenes acostumbran a vivir sus transiciones en soledad y silencio y, como hemos visto, son procesos que generan multitud de inseguridades y dudas.

No es de extrañar que en las transiciones muchos jóvenes tomen la decisión de no incorporar la fe en la nueva identidad que se está formando. Es significativo que en la adolescencia, la universidad y el acceso a la vida profesional –tres grandes transiciones en la vida de un número importante de jóvenes- los perdamos a muchos de ellos. La fe que sobrevivió a la transición de la adolescencia se pierde en la universidad o en la vida profesional; es un triste proceso de darwinismo espiritual, la supervivencia de los más fuertes, al que la iglesia asiste en el mejor de los casos con impotencia y en el peor con indiferencia.

A pesar del sufrimiento que producen en el joven no podemos ni debemos evitar las transiciones y la gestación de nuevas identidades; se trata de un proceso natural y saludable. Podemos y debemos, sin embargo, acompañarlos en sus procesos; en ocasiones desde la distancia y la disponibilidad, listos para ayudarles a reflexionar sobre la fe y sobre cómo pueden incorporarla

> en esa nueva identidad naciente. Un mentor puede ser un elemento clave para acompañar vital y espiritualmente a los jóvenes en sus diferentes transiciones; generando los espacios seguros de los que he hablado con anterioridad, favoreciendo la reflexión, proveyendo modelos, acogiendo sus dudas y preguntas y ayudando a discernir maneras de articular la fe en esa nueva identidad que se va formando. Tener un mentor que acompañe en las transiciones no es un lujo, ¡es una necesidad vital!

Este capítulo introductorio llega a su final. No me gustaría que pasaras al siguiente sin un breve tiempo de reflexión que te mueva a la acción. Personalmente me encanta la palabra reflexión; es de origen latino y literalmente significa inclinarse hacia atrás para poder ganar distancia y perspectiva. Reflexiona sobre este capítulo, inclínate hacia atrás para que generes distancia y aumentes tu perspectiva de lo que has leído. ¿Cuáles han sido las tres cosas más significativas que has observado? Por favor, anótalas en el espacio aquí provisto.

1. ______________________________

____

2. ______________________________

____

3. ______________________________

____

Gracias por tomarte el tiempo. Ahora una cosa más. La reflexión siempre nos ha de llevar a la acción. ¿Qué vas a hacer, qué paso práctico vas a llevar a cabo –por pequeño que sea- como consecuencia de tu reflexión? ¿Cuándo (lo más específico que te sea posible) lo vas a realizar? Por favor, de nuevo anota ambas cosas en el espacio provisto.

DINO mi mentor

Capítulo 2

Enseñar, animar,
instruir, ser mentor,
reconocer, influenciar,
guiar, inspirar.

Autor desconocido

Todas estas cosas yo las experimenté con Dino que fue mi mentor en los años de relación que tuve con él. Lo más curioso, ahora que veo las cosas con la perspectiva que dan los años, es que con toda probabilidad él no fue intencional en transmitir todo eso. Fueron simplemente los efectos de invertir tiempo en mi vida, de tomar la decisión de acompañarme espiritualmente.

UN POCO DE HISTORIA

Yo debía estar a caballo entre los dieciséis y los diecisiete años cuando conocí a Dino. En aquella época (cuando los dinosaurios dominaban la tierra, ¿o era tal vez el periodo intertestamentario?) todos los jóvenes estábamos obligados a prestar el servicio militar durante uno o dos años. Era habitual que muchachos de una parte del país fueran destinados a otra parte del mismo. Así fue como apareció Dino en nuestra pequeña iglesia local en la ciudad de Zaragoza, donde yo había nacido y vivía.

Yo pertenecía a una iglesia de la denominación conocida como Asambleas de Hermanos que, en aquella época, era la denominación más grande del país; un país en el que apenas había unos treinta mil evangélicos sobre una población de 30 millones de españoles. A pesar de mi juventud tenía responsabilidades de liderazgo en el pequeño grupo de jóvenes de la comunidad. ¡Ya se sabe que en el país de los ciegos el tuerto es el rey! Pues bien, ese tuerto era yo. Realmente era una persona muy activa en las cosas del Señor, repartía literatura evangelística por las calles, era un buen anticatólico y podía argumentar las falacias del Catolicismo Romano con mis amigos y compañeros de trabajo y estudios. Me había convertido recientemente. Un buen día, asistiendo a otra iglesia de la ciudad para visitar a un amigo, tuve la sorprendente experiencia de darme cuenta de que ser evangélico y conocer a Jesús como Señor y Salvador personal no eran cosas sinónimas y decidí entregar mi vida a Cristo. Pero nadie cuidó de mi vida espiritual. Crecí, por decirlo de alguna manera, asilvestrado sin pautas, sin modelos, a mi aire, según mis propios criterios; ni sabía lo que era el discipulado ni, naturalmente, nunca lo había experimentado.

Fue entonces cuando Dino apareció en la escena. Como mencioné anteriormente, fue destinado por el ejército a Zaragoza desde Barcelona, la ciudad donde vivía. Él no procedía de una familia de trasfondo protestante y había conocido a Jesús en el contexto de una organización cristiana que se llamaba Cruzada Estudiantil y Profesional para Cristo, un movimiento enfocado en aquella época a compartir el evangelio con los estudiantes universitarios. (Este movimiento continúa existiendo por todo el mundo a día de hoy; en mi país ahora recibe el nombre de Ágape; en América Latina es conocido como Vida para la Universidad, Cruzada Estudiantil o, probablemente, otros nombres. Mundialmente es conocida como Cru). Dino pasó así a formar parte de nuestra iglesia y de mi vida.

No puedo recordar con exactitud pero probablemente él debía tener tres o cuatro años más que yo, es decir, veinte o veintiuno. Sin embargo, a pesar de la diferencia de edad rápidamente se estableció una buena química personal entre ambos. Dino alquiló un apartamento en plena zona universitaria y se matriculó en la universidad para comenzar sus estudios de humanidades. Su horario en el ejército –solamente por las mañanas- le permitía compaginar ambas cosas, la vida castrense y la universitaria. Puesto que él colaboraba con el ministerio universitario que antes mencioné, su tiempo en la universidad era también una oportunidad para compartir el evangelio con sus compañeros de clase.

No sé cuán consciente Dino era de lo que hacía, pero llevó a cabo conmigo un auténtico acompañamiento espiritual. Sólo después, con la perspectiva que da el tiempo, fui consciente de que había vivido ese proceso y él mismo tuvo tal impacto en mi vida que aún a día de hoy continúo repitiéndolo cuando llevo a cabo mis propios procesos de acompañamiento espiritual.

Sin duda, he añadido mi propio sabor y saber hacer personal; con los años he sistematizado la forma de acompañar, pero la esencia, los principios, siguen siendo los mismos, aquellos que experimenté durante un par de años de relación con Dino.

De aquella relación recuerdo los tiempos formales y los informales, porque de ambos hubo una buena cantidad. Los tiempos formales se caracterizaron por el estudio de la Biblia a través de los materiales de Cruzada. Este movimiento tenía muy sistematizado todo el proceso de discipulado y juntamente con Dino lo estudiamos. Recuerdo materiales como las «Ideas comunicables», «Los diez grados básicos del desarrollo cristiano» y el «Manual del hombre nuevo», del escritor mejicano Sergio García Romo. Aquellos tiempos formales de estudio sirvieron para aprender cosas que, hasta aquel momento, eran totalmente desconocidas para mí a pesar de llevar años en una iglesia local. Me enseñó a cómo tener un tiempo diario devocional con el Señor, a entender y practicar el ministerio del Espíritu Santo por medio de la respiración espiritual. Yo nunca había oído hablar ni de eso ni de conceptos como el cumplimiento de la Gran Comisión. Todo ello me acompaña hasta el día de hoy, más de cuarenta años después. Dino me enseñó a compartir mi fe de forma personal por medio del folleto de «Las cuatro leyes espirituales»; hasta entonces para mí evangelizar era repartir literatura evangélica por las calles, pero nunca había sabido cómo presentar el mensaje del Evangelio de una forma clara, sencilla y que llevara a las personas a tener la posibilidad de responder al mensaje invitando a Cristo a formar parte de sus vidas. También me enseñó cómo llevar a cabo lo que en aquella época denominábamos «la continuación de resultados», es decir, el seguimiento de aquellos con los que habíamos compartido nuestra fe. Recuerdo a estudiantes aceptando a Cristo y uniéndose a grupos de estudio bíblico en el apartamento de Dino o en las cafeterías de la universidad, ¡toda una revolución espiritual para mí!

Rápidamente acabé involucrado en el ministerio que Dino llevaba a cabo en la Universidad de Zaragoza. Como consecuencia de su trabajo nació un potente trabajo entre los universitarios de aquella institución académica. Dino era el líder y yo le acompañaba en la mayoría de las actividades que llevaba a cabo con el fin de dar a conocer a Jesús. Al principio era un mero observador pero conforme fui creciendo en un mayor conocimiento de la Biblia y un mejor manejo de las herramientas de evangelismo y discipulado, comencé a ser más activo y a tomar más iniciativas ministeriales. Orábamos juntos, compartíamos lo que había pasado y nos preparábamos para las diferentes actividades, bien fuera compartir a Cristo en el recinto del campus universitario o dirigir grupos de estudio de la Biblia con estudiantes no cristianos.

Pero también puedo recordar mis tiempos informales con él. Al pensar en ellos vienen dos imágenes a mi mente. La primera era comiendo sándwiches de tortilla de patata en la cafetería que había justo debajo del apartamento donde Dino vivía. La segunda era en su vivienda, que se convirtió en mi segunda residencia y donde pasaba grandes cantidades de tiempo, todo el que me permitía el hecho de que trabajaba a tiempo completo como delineante y después estudiaba la secundaría por las noches. Allí recuerdo conversaciones sobre todo lo humano y lo divino; fue la primera vez en mi vida que tuve la oportunidad de expresar dudas, miedos, inquietudes, problemas, retos y tentaciones que experimentaba en mi vida cristiana. No eran conversaciones programadas, simplemente se daban, salían, y eso era posible porque pasábamos tiempo juntos. Eso permitió que se cultivara la confianza que es el entorno preciso para que estas cosas puedan darse. Recuerdo haberme quedado muchas noches a dormir en su casa y las conversaciones nocturnas, cada uno en su cama, en la oscuridad, hablando sobre Dios, compartiendo mis inquietudes y dudas. Eran aquellas conversaciones que no se pueden programar, simplemente se dan, pero marcaron profundamente hasta el día de hoy la vida de un adolescente de 17 años.

LO QUE APRENDÍ CON DINO

Hoy, con la perspectiva que dan los más de cuarenta años que han pasado, puedo sistematizar los principios que marcaron el acompañamiento espiritual que Dino realizó conmigo. Dino fue mi mentor e, incluso hoy en día, sigue siendo un punto de referencia acerca de qué hacer y cómo ejercer ese precioso rol. Aunque estoy seguro de que en aquel tiempo él lo hacía de forma natural y espontánea, no creo que tuviera conciencia (¿o tal vez sí?) de que estaba llevando a cabo un trabajo de acompañamiento espiritual, en definitiva, de que era el mentor que todo joven necesita. Pero volvamos a los principios que aprendí.

a. **La necesidad de tiempos formales e informales.** Ambos se dieron en nuestra relación y ambos produjeron un impacto en mi vida. Los primeros me ayudaron a profundizar en la Biblia y me equiparon para el ministerio pero los segundos me marcaron profundamente como joven que era. Estos últimos fueron los que me permitieron entender y ver que ser un seguidor de Jesús afectaba e involucraba todas las áreas de la vida sin excepción. Nos recuerdo con Dino hablando de todo, absolutamente de todo, en un ambiente que yo sentía que era seguro y que me permitía ser honesto, transparente y vulnerable.

b. **El ministerio encarnacional.** Puedo afirmar que Dino ilustraba, hacía carne en su vida, todas aquellas cosas que me enseñaba. Aún más, yo podía observarlas siendo reales en su propia experiencia debido a la cantidad de tiempo que pasábamos juntos. Mi mentor ilustraba en su propia vida y realidad lo que significaba el seguimiento de Jesús. Yo podía observarlo y podía ver reflejado en él aquello que habíamos estudiado, hablado o discutido.

c. **El modelo y referente.** Está íntimamente relacionado con el punto anterior. Para mí un modelo es alguien a quien vale la pena imitar. Un referente es alguien que sirve de punto de orientación y guía, aquel hacia quien uno puede volverse cuando hay esos momentos de desorientación y hay que decidir qué hacer y cómo hacerlo.

d. **El acercamiento integral a la vida.** Nuestra relación no estaba limitada a «temas espirituales» sino a la vida en toda su integridad y complejidad. Yo crecí en un entorno en el que en la iglesia sólo se hablaba de lo relacionado con el espíritu. Las cosas de la carne eran demasiado vulgares y profanas para ser tratadas y, consecuentemente, muchas de mis preocupaciones, temores, retos y tentaciones (¡que precisamente estaban relacionadas con las mismas!) quedaban fuera del ámbito de la fe. ¿Puedes imaginar lo que significaba para un adolescente de diecisiete años descubrir que no existían temas tabúes y que de todo podía hablarse y en todo podía buscarse la perspectiva de Dios?

e. **Una realidad reproducible.** Quiero hacer énfasis en este punto porque, como ya he mencionado anteriormente, me doy cuenta de que después de tantas décadas continúo reproduciendo, en su esencia, en sus líneas básicas, el mismo modelo que experimenté y al que fui expuesto con Dino. Y creo que ahí radica la grandeza del modelo, en que es transferible y en que aquel que lo vive se siente compelido a reproducirlo de forma natural porque se trata de los principios que mencioné en los puntos anteriores, no es acerca de un método sofisticado que requiere de una capacitación especializada en una institución diseñada al efecto. Claro que los años han hecho que haya edificado sobre el modelo. Le he dado mi gusto y toque personal. Conforme Jesús se ha ido formando más y más en mi vida esto se ha proyectado en mi trabajo como mentor. He aprendido nuevas herramientas y tengo mucho más conocimiento bíblico y de la vida –hecho objetivo- y creo que más sabiduría y discernimiento –hecho subjetivo- y todo ello afecta e influencia cómo acompaño espiritualmente a otros. Pero una vez más sigo haciendo aquello que hicieron conmigo: pasar tiempo formal e informal, encarnar, o tratar de hacerlo, la verdad de Dios en mi vida, ser un modelo y referente y acercarme a las personas de una forma holística, huir de verlos como almas.

Creo que fui fiel al principio que yo mismo experimenté y que tan claramente expresa Pablo en 2 Timoteo 2:2: *«Tú has oído lo que les he enseñado a muchas personas. Ahora quiero que enseñes eso mismo a cristianos en los que puedas confiar, y que sean capaces de enseñar a otros» (TLA).* Dino, pienso que he sabido reproducir lo que me enseñaste.

OTROS MENTORES EN MI VIDA

A lo largo de mi dilatado seguimiento de Jesús ha habido, naturalmente, otras personas que han tenido una influencia en mi vida y me han acompañado espiritualmente. Quisiera mencionar tan sólo a uno de ellos, Josep Monells, quien durante muchos años fue el director de Cruzada Estudiantil en España, especialmente en el tiempo en que yo me uní como misionero a tiempo completo a dicha organización. A diferencia de Dino, Josep no era una persona con la que me reunía de forma sistemática para tratar temas espirituales o estudiar la Biblia. Él era el responsable de la misión y yo tan sólo uno de los trabajadores de la misma. Sin embargo, destacaría de Josep su disponibilidad, el estar siempre allí, el saber que había la posibilidad de acercarse a él y hablar y tratar los temas difíciles y delicados en un entorno de seguridad y aceptación.

Tanto a nivel personal, como posteriormente a nivel matrimonial, nos acompañó en momentos difíciles y delicados y siempre fue para mí un referente, alguien a quien era posible acudir. Josep siempre buscó oportunidades para mi crecimiento y desarrollo y expresó confianza en mí y en mis capacidades, incluso cuando otros me cuestionaban y dudaban de mi capacidad para poder desarrollar cosas significativas. Sin duda el tiempo ha hecho que haya menguado la intensidad de nuestra relación; la vida nos ha llevado por caminos diferentes. Sin embargo, sigo teniendo la sensación de que continúa estando presente y disponible, y si las circunstancias lo demandaran podría contar con él y su visión de la fe y la espiritualidad siempre inusual y singular.

MI ACOMPAÑAMIENTO DE OTROS.

Como mencioné anteriormente, mi experiencia de ser acompañado espiritualmente por Dino me dio el patrón para poder hacer lo mismo con muchas otras personas a lo largo de mi vida cristiana. Desde el comienzo, conforme fui adquiriendo músculo y seguridad en mi relación con el Señor, comencé a ejercer como mentor de otros. Reproduje aquello que había experimentado en mi propia vida de una manera natural; ni siquiera se me ocurrió pensar que pudiera haber una manera diferente de hacerlo. Mi acompañamiento consistió en una combinación de tiempos formales –de estudio de la Palabra o de los materiales que yo había estudiado con Dino- y tiempos informales. Pronto descubrí que correr largas distancias –algo que he hecho toda mi vida- era una buena estrategia para poder tener esos tiempo informales con las personas que iban conociendo a Jesús y a las que comenzaba a acompañar espiritualmente. Corriendo podíamos hablar de nuestra relación con el Señor.

Un hito en mi aprendizaje fue un retiro espiritual de Cruzada Estudiantil. Josep Monells estuvo capacitándonos en principios de acompañamiento espiritual en base al libro de Robert E. Coleman «Plan supremo de evangelización». Aquel material supuso toda una revolución para mí y para mi trabajo como mentor. Porque al patrón vivencial que heredé de Dino pude añadir un proceso sistemático para hacer de mi acompañamiento algo mucho más intencional y, valga la expresión, estratégico. En su libro, Coleman hace un estudio de cómo Jesús desarrolló a sus discípulos e identifica los siguientes pasos: selección, asociación, consagración, comunicación, demostración, delegación, supervisión y reproducción. Leer y meditar en el libro mencionado, publicado por Editorial Mundo Hispano, es una buena inversión que vale la pena hacer.

Hoy en día, mirando en retrospectiva, puedo darme cuenta de los muchos errores que cometí. Algunos por falta de herramientas, la mayoría por falta de madurez personal y espiritual. Algunas de las personas a las que acompañé han dejado la fe, ya no caminan entre nosotros. Las razones de ello son variadas. Otros continúan y algunos de ellos se han convertido en líderes que tienen una influencia e impacto en la vida de muchas personas.

Con muchas de las personas con las que tuve el privilegio de ejercer como mentor ya no tengo relación. Como pasó con Josep y conmigo, la vida nos ha llevado por caminos que ahora no facilitan que podamos tener relación. Con otros sigo ejerciendo mi papel y sigo acompañándolos espiritualmente después de décadas de relación. Sigo sintiendo una responsabilidad hacia ellos. Cierto que ahora este acompañamiento es más pausado – cada etapa de la vida tiene su ritmo e intensidad- e intermitente, pero sigo estando allí, presente, interesado y disponible y ellos lo saben. Cuando nos encontramos, ahora ya siempre en situaciones informales, podemos hablar de muchos temas, cosas relacionadas con nuestras familias, los trabajos, etc. Sin embargo, todos saben que llegará un momento en que la pregunta clásica será puesta sobre la mesa: «¿Cómo está tu relación con Dios?».

Los tiempos han cambiado una barbaridad desde que comencé mi trabajo de acompañamiento espiritual. Hoy en día gracias a las múltiples herramientas de comunicación virtual como Skype, Whatsapp, Telegram, Hangouts y otras, puedo continuar haciendo acompañamiento espiritual salvando las distancias geográficas. En estos momentos lo estoy haciendo con personas que viven en diferentes países de las Américas y Europa. El principio es el mismo: acompañar, lo único que varía es su aplicación en la situación actual. Recuerda que tenemos en Pablo antecedentes bíblicos de alguien que superó las barreras geográficas para continuar acompañando y siendo un mentor; las cartas a Timoteo, Tito y Filemón así lo prueban.

En ciudades de tránsito y distancias prácticamente imposibles como Buenos Aires, Bogotá, Lima y muchas otras, el acompañamiento virtual puede ser una increíble herramienta. Estoy de acuerdo contigo en que nada puede sustituir al contacto persona a persona, ¡indiscutible! Sin embargo, no es menos indiscutible que es preferible un contacto virtual –al que por otra parte las nuevas generaciones están súper acostumbradas- a que no haya contacto en absoluto, ¿no crees?

Piensa en los mentores de tu vida, aquellos que han invertido tiempo en ti de un modo formal o informal o una combinación de ambos. Tómate un tiempo para reflexionar qué hicieron contigo y cómo eso ha tenido una influencia sobre cómo es tu seguimiento de Jesús hoy. ¿Qué puedes aprender de ellos? ¿Qué principios puedes discernir en la forma en que trabajaron contigo? Anótalo, por favor, en el espacio que tienes a continuación.

El capítulo ha llegado a su fin. Reflexiona sobre el mismo, inclínate hacia atrás para que generes distancia y aumentes tu perspectiva de lo que has leído (recuerda que ese es el significado de la palabra reflexión). ¿Cuáles han sido las tres cosas más significativas que has leído? Por favor, anótalas en el espacio aquí provisto.

1. ______________________________

____

2. ______________________________

____

3. ______________________________

____

Gracias por tomarte el tiempo. Ahora una cosa más. La reflexión siempre nos ha de llevar a la acción. ¿Qué vas a hacer, qué paso práctico vas a llevar a cabo –por pequeño que sea- como consecuencia de tu reflexión? ¿Cuándo (lo más específico que te sea posible) lo vas a realizar? Por favor, de nuevo anota ambas cosas en el espacio provisto.

____

____

____

____

____

____

____

El acompañamiento espiritual en su contexto teológico

Capítulo 3

Todo se lo debemos a Dios
que nos ha puesto en paz con él
por medio de Cristo
y nos ha confiado la tarea
de llevar esa paz a los demás.

Autor desconocido

Personalmente no puedo funcionar sin marcos de referencia. Necesito que las cosas que hago o dejo de hacer pertenezcan a un contexto más amplio que le de sentido y significado. Cuando ejerzo el ministerio preciso poder tener respuestas a algunas preguntas que para mí son de una importancia capital: ¿Por qué hago lo que estoy haciendo? ¿Cómo encaja con la gran historia de Dios? ¿Cómo contribuye al desarrollo de esa gran historia, qué papel juega?

Es lo que pretendo hacer por medio de los dos próximos capítulos. En el primero me gustaría explicar el papel del mentor, el acompañamiento espiritual, en el contexto de la gran historia de Dios. En el siguiente quisiera ubicarlo en un marco pedagógico y mostrar cómo el acompañamiento forma parte de los diferentes acercamientos educativos que el Maestro utilizó en su proceso de formar y desarrollar personas para el Reino.

EN CONTEXTO

Un gran problema que tenemos los cristianos evangélicos es que, a menudo, vivimos descontextualizados. A diferencia de la Iglesia Católica, que valora su historia y su tradición, nosotros vivimos centrados en nosotros mismos, con demasiada frecuencia en nuestra iglesia local y, en el mejor de los casos en nuestra denominación. La proliferación –positiva por otra parte- de muchas iglesias no denominacionales en las últimas décadas no ha hecho sino acentuar esa tendencia. Somos un pueblo con pocas raíces en la historia y nos cuesta entender que formamos parte, como diría el escritor del libro de Hebreos, de esa gran nube de testigos. Nuestras iglesias, o asociaciones de las mismas, parecen flotar como los astros en el vacío y carecen de referencias acerca de qué papel juegan en la gran historia de Dios. Pretendo pues, explicar con brevedad esa gran narrativa del Señor, su historia para la humanidad y cómo nosotros encajamos en la misma. Cómo el acompañamiento espiritual, el trabajo del mentor, juega un papel en todo ello.

LA HISTORIA DE DIOS

Tim Keller en su libro «Every Good Endeavor» (Cada Buen Esfuerzo), hace referencia a una historia que explicó el filósofo Alasdair MacIntyre en una obra escrita por él y titulada «After Virtue» (Después de la Virtud). Lo narra del siguiente modo:

> *Imagínate que estás en la parada del autobús cuando un joven, al que no conoces, se acerca a ti y te dice: «El nombre del pato salvaje común es histrionicus histrionicus». Aunque puedes entender la frase, su acción carece de todo sentido. ¿Qué quiere decir? La única manera de que tenga sentido es tratar de averiguar la historia en la que ese evento encaja. Tal vez ese joven es un enfermo mental; eso lo explicaría. ¿Y si ayer alguien de tu mismo género, edad, altura y apariencia general se aproximó al joven en la biblioteca, preguntándole el nombre latino del pato salvaje común, y hoy te confundió con dicha persona? Eso también lo explicaría. O tal vez ese joven es un espía extranjero, esperando para tener una cita ya arreglada de antemano y dando la contraseña en clave que le identificará de cara a su contacto. La primera historia es triste, la segunda es cómica, y la tercera es dramática. Pero el punto es que, sin poderlo conectar con una historia, no hay manera de entender el significado de lo que sucedió y tampoco de saber cómo responderle a ese hombre.*

Lo mismo nos puede suceder a los seguidores de Jesús. Vivimos y llevamos a cabo un número indeterminado de acciones y omisiones que son valiosas y buenas en sí mismas pero que no necesariamente encajan con una historia superior de la que formamos parte. Todos nosotros tenemos la urgente y vital necesidad de saber de qué modo nuestra vida cotidiana, lo que hacemos en el día a día, en nuestros hogares, colegios, universidades o empleos, encaja y forma parte de la gran historia de Dios, una historia de restauración y reconciliación en la que todos nosotros somos protagonistas y jugamos un papel importante, único y singular.

La gran historia de Dios, de la cual tú y yo formamos parte, tiene varios capítulos y cada uno de ellos, a efectos pedagógicos, tiene un nombre, uno o varios pasajes relacionados y una palabra clave que te servirá para poder recordar ese capítulo y comprobar cómo la historia fluye con armonía y las diferentes piezas encajan con orden y belleza.

A continuación encontrarás un cuadro donde podrás ver los diferentes capítulos, el fluir de todos ellos y el sentido de progresión de la historia.

CREACIÓN	REBELION	REDENCIÓN	MISIÓN	NUEVA CREACIÓN
Génesis 1 y 2	Génesis 3	1Juan 3.8 Col 1.19-21 Efesios 2.16 Juan 3.16 2Co 5.19-21	Mateo 9.9 Juan 20.21	Apocalipsis 21 y 22
ARMONÍA	DESOBEDIENCIA	RESTAURACIÓN	SÍGUEME	ARMONÍA

El fluir de la historia de Dios

A diferencia de otras cosmovisiones, la manera cristiana de entender la historia es lineal. La historia progresa desde Génesis 1:1, «*En el principio creó Dios…*» hasta Apocalipsis 22:20, «*Sí, vengo pronto*».

CAPÍTULO 1: CREACIÓN

CREACIÓN	REBELIÓN	REDENCIÓN	MISIÓN	NUEVA CREACIÓN
Génesis 1 y 2	Génesis 3	1 Juan 3:8 Col. 1:19-21 Efesios 2:16 Juan 3:16 2 Cor. 5:19-21	Mateo 9:9 Juan 20:21	Apocalipsis 21 y 22
ARMONÍA	DESOBEDIENCIA	RESTAURACIÓN	SÍGUEME	ARMONÍA

He escrito ya abundantemente sobre este punto (de hecho, si me escribes a felix.ortiz@gmail.com puedo enviarte todo el material completo) y, por tanto, sólo daré la información necesaria para poder estar en contexto.

Los capítulos uno y dos del libro de Génesis, junto con el capítulo tres del mismo describen lo que podríamos definir como nuestra cosmogonía, una palabra de raíz griega que significa el origen, la razón de ser, la explicación de cómo están las cosas. Hay explicaciones filosóficas, científicas y religiosas de la realidad y el cristianismo tiene la suya en los capítulos antes mencionados del libro de Génesis. Ellos nos explican por qué el mundo es como es y por qué la experiencia humana, la tuya y la mía, es tan compleja. Así pues, para aclararnos, los capítulos de la creación y la rebelión dentro de la gran historia de Dios conforman nuestra cosmogonía.

COSMOGONÍA				
CREACIÓN	REBELIÓN	REDENCIÓN	MISIÓN	NUEVA CREACIÓN
Génesis 1 y 2	Génesis 3	1 Juan 3:8 Col. 1:19-21 Efesios 2:16 Juan 3:16 2 Cor. 5:19-21	Mateo 9:9 Juan 20:21	Apocalipsis 21 y 22
ARMONÍA	DESOBEDIENCIA	RESTAURACIÓN	SÍGUEME	ARMONÍA

Dios lleva a cabo todo el proceso creativo y, tras acabar, afirma que todo lo creado era muy bueno:

> *Entonces Dios contempló todo lo que había hecho, y vio que era muy, pero muy hermoso. Pasó la tarde y pasó la mañana, y se completó, así, el sexto día. (Génesis 1:31).*

La bondad, incluido el ser humano, era intrínseca a la obra creadora del Señor.

Si hay algo que caracteriza el estado primitivo del ser humano es la palabra armonía. Adán y Eva lo estaban en su relación con Dios y lo estaban en su relación entre ellos mismos. Esa misma armonía caracterizaba la relación del ser humano consigo mismo y con el resto de la creación de Dios. No es de extrañar, como afirmé anteriormente, que el Señor declarara la bondad de todo lo existente.

Hay algo más que debe destacarse en este capítulo de la creación: se trata del propósito para el cual Dios crea al ser humano. Éste fue hecho para tener una relación significativa con el Creador. Este tipo de relación implica que debe ser voluntaria, deseada y querida por ambas partes. Implica que existe la posibilidad de decir «¡No!», de rechazarla. El Señor hizo al ser humano libre y con la posibilidad de decirle no a su deseo de tener una relación significativa con Él.

Es precisamente esta libertad de escoger la que aparece plasmada en el mandamiento de no comer del fruto del árbol prohibido:

Y a la vez le dio esta orden: «Puedes comer del fruto de todos los árboles que hay en el jardín, pero del árbol del conocimiento del bien y del mal no podrás comer, porque el día que comas del fruto de ese árbol, morirás». (Génesis 2:16-17).

Sin elección no hay libertad. Sin embargo, sin responsabilidad tampoco existe libertad. Uno es libre para escoger y responsable de las consecuencias que puedan derivarse de la elección. Nos gustaría ser libres pero no responsables. Desafortunadamente elección y responsabilidad van de la mano, son dos caras de una misma moneda, de una misma realidad.

Adán y Eva podían escoger tener o no una relación significativa con Dios. Ambos sabían las implicaciones de rechazarla y la responsabilidad de sus decisiones.

CAPÍTULO 2: REBELIÓN

CREACIÓN	**REBELIÓN**	REDENCIÓN	MISIÓN	NUEVA CREACIÓN
Génesis 1 y 2	**Génesis 3**	1 Juan 3:8 Col. 1:19-21 Efesios 2:16 Juan 3:16 2 Cor. 5:19-21	Mateo 9:9 Juan 20:21	Apocalipsis 21 y 22
ARMONÍA	**DESOBEDIENCIA**	RESTAURACIÓN	SÍGUEME	ARMONÍA

El primer capítulo de la gran historia de Dios nos dejó al ser humano en un estado de armonía consigo mismo, con Dios, entre ellos y con el resto de la creación. Así comienza este segundo capítulo descrito en Génesis 3.

Hay varias cosas importantes que suceden en esta parte de la historia. La primera de ellas es la **tentación**. El ser humano es tentado y esta tentación consiste en ser igual a Dios, algo que se manifestaría por su capacidad de decidir por sí mismo el bien y el mal.

> *¡Mentira! — silbó la serpiente—. ¡No morirán! Lo que pasa es que Dios sabe que, cuando ustedes coman del fruto de ese árbol, obtendrán todo el conocimiento, pues podrán conocer el bien y el mal. ¡Ese día ustedes serán como Dios! (Génesis 3:4-5).*

Ambas cosas ya no dependerían de Dios y de sus normas, antes al contrario, Adán y Eva decidirían por ellos mismos, según sus criterios, según sus normas, qué sería, a partir de ese momento, el bien y el mal. ¿Cómo se toman esas decisiones? Parece lógico: nada que vaya contra mi voluntad, mis deseos o mis propósitos puede ser bueno. Contrariamente, nada que me interese, favorezca, gratifique o esté en línea con mi voluntad, mis deseos o mis propósitos puede ser malo.

Hasta ese momento el bien y el mal habían sido establecidos por Dios; a partir de este momento el ser humano se convierte en su propio dios y, consecuentemente, establece su propio bien y su propio mal. Se genera un relativismo moral en el que el bien y el mal son una cuestión de opinión y opción. El libro de Jueces lo describe perfectamente cuando afirma:

> *En aquel tiempo no había rey en Israel y cada hombre hacía lo que bien le parecía. (Jueces 21:25).*

Cuando no hay una autoridad externa cada uno se convierte en su propia autoridad.

La segunda cosa que sucede y que es importante reseñar es el **pecado**. La tentación de ser igual a Dios se plasma en un acto de desobediencia, de rebelión, de declaración de independencia con respecto al Señor y su autoridad.

> *La mujer contempló el árbol y se convenció de que su fruto era bueno para comer. Además, lo vio muy hermoso, y pensó que era su oportunidad para conseguir la sabiduría. Así que agarró el fruto y comió. Luego le dio de comer a su marido, el cual estaba con ella. (Génesis 3:6).*

El ser humano se sustrae de la jurisdicción de Dios, se rebela y se declara autónomo, independiente. Por consiguiente, cuando hablamos de pecado en la Biblia no estamos hablando de conductas, estamos hablando de actitudes, de posturas hacia Dios. Las conductas, lo que habitualmente nosotros llamamos pecado, es simplemente la manifestación externa –los síntomas- de un problema interno –la raíz-. El pecado no consiste en lo que hago o dejo de hacer, sino más bien en lo que soy, un rebelde contra Dios y su autoridad.

En las Escrituras el pecado es siempre una cuestión del corazón. En la manera hebrea de entender al ser humano, el corazón no era donde radicaban las emociones; éstas radicaban en las entrañas. El corazón era el lugar desde el cual se dirigía la vida, se generaba el proyecto vital de cada persona. Era, en definitiva, el centro de control de la vida. Dada la importancia del corazón no es de extrañar que el libro de Proverbios afirme:

> *Sobre todas las cosas cuida tu corazón, porque de él brota la vida. (Proverbios 4:23).*

Jesús claramente indica que el problema del ser humano no radica en sus conductas sino en su corazón:

> *Del corazón salen los malos pensamientos, los asesinatos, los adulterios, las fornicaciones, los robos, las mentiras y los chismes. (Mateo 15:19).*

Es por ello que Dios, por medio del profeta Ezequiel, indica la necesidad de un cambio del corazón:

> *Les daré un solo corazón y un espíritu nuevo; quitaré sus corazones duros como si fueran de piedra y les daré corazones tiernos llenos de amor hacia Dios… (Ezequiel 11:19).*

> *¡Y les daré un corazón nuevo, les daré intenciones nuevas y rectas, y pondré un espíritu nuevo en ustedes! ¡Les quitaré sus corazones de piedra, tercos e insensibles, y les daré nuevos corazones, llenos de amor y buenas intenciones! (Ezequiel 36:26).*

Es, en definitiva, por todo eso que invitamos a Jesús a entrar en nuestro corazón.

Un tercer aspecto que vale la pena reseñar en esta parte de la historia de Dios son las **consecuencias** que el pecado produce. Al acercarnos al texto vemos que el pecado *rompe la relación del ser humano con Dios.*

> *Aquella tarde, a la hora en que sopla la brisa, el hombre y la mujer oyeron que Dios andaba por el jardín. Entonces corrieron a esconderse entre los árboles, para que Dios el SEÑOR no los viera. Pero Dios el SEÑOR llamó al hombre y le preguntó: ¿Dónde estás?* (Génesis 3:8-9).

Adán y Eva se esconden de la presencia del Señor. Se sienten culpables porque son conscientes de su desobediencia y rebelión contra Dios. Sienten miedo y vergüenza de lo que han hecho y su manera de reaccionar es esconderse.

Si proseguimos con la lectura de Génesis 3 también veremos que el pecado *rompe al ser humano interiormente.*

> *El hombre le contestó:*

> *—Oí que andabas por el jardín y me dio miedo, pues estoy desnudo. Así que me escondí. (Génesis 3:10).*

Adán y Eva comienzan a experimentar estados de ánimo autodestructivos que, previamente, eran totalmente ajenos a la experiencia humana. El miedo, la vergüenza –definida como la conciencia de no ser el tipo de persona que uno debería ser-, la culpa hacen su aparición. En el siguiente capítulo de Génesis veremos en la historia de Caín y Abel entrar en escena los celos, la envidia, la ira y con ellos todos sus efectos destructivos. Como consecuencia de la rebelión los seres humanos sufrimos una esquizofrenia espiritual y emocional entre aquello a lo que aspiramos y la realidad que vivimos.

Cuando piensas que el pecado te ha roto interiormente como ser humano verás que adquieren total sentido las palabras de Pablo en Romanos cuando afirma:

> *Yo no me entiendo a mí mismo, porque no hago lo que quiero, sino lo que aborrezco.*
>
> *Sé bien que si hago lo que no quiero hacer, entonces la ley es buena. De manera que no soy yo el que lo hace. Es el pecado que está dentro de mí.*
>
> *Yo sé que en mi vieja naturaleza no hay nada bueno. Pues aunque quiero hacer lo bueno, no puedo. Cuando quiero hacer el bien, no lo hago; y cuando trato de no hacer lo malo, lo hago de todos modos. Entonces, si hago lo que no quiero hacer, está claro cuál es el problema: es el pecado que vive en mí.*
>
> *Así que, queriendo hacer el bien, me enfrento a esta ley: el mal vive en mí. En mi interior, quisiera obedecer la voluntad de Dios, pero me doy cuenta de que en los miembros de mi cuerpo hay otra ley, que es la ley del pecado. Esta ley está en guerra contra mi mente, y me tiene cautivo.*
>
> *¡Qué triste es el estado en que me encuentro!*
>
> *¿Quién me libertará de la esclavitud de esta mortal naturaleza pecadora? (Romanos 7:15-24).*

El pecado rompe la relación entre los seres humanos. Cuando son confrontados por Dios Adán y Eva se culpan mutuamente.

> *El hombre contestó:*
>
> *—La mujer que me diste para que me acompañara me dio del fruto de ese árbol, y yo lo comí. (Génesis 3:12).*

No se asumen las responsabilidades de forma solidaria. Si Adán puede salvar su pellejo no tiene inconveniente en hundir a Eva. Posteriormente, en el capítulo cuatro de Génesis, veremos cómo el deterioro en las relaciones entre los seres humanos producida por el pecado sigue ahondándose. Caín mata a su hermano Abel por una cuestión de celos y envidias.

> *Un día Caín invitó a su hermano a dar un paseo. Cuando estaban en el campo, Caín atacó a su hermano y lo mató. (Génesis 4:8).*

La realidad nos muestra cómo unos seres humanos continúan abusando de otros por razón de sexo, género, cultura, religión, raza y un largo etcétera.

Finalmente, *el pecado ha roto nuestra relación con la creación de Dios.* El ser humano había recibido el encargo del Señor de cuidar y hacer prosperar la creación. De mayordomo, y como consecuencia de su rebelión, el ser humano pasa a convertirse en un depredador y destructor de la creación de Dios. ¡Maldita será la tierra por tu culpa! Afirmó el Señor y todos nosotros somos consciente de la tremenda realidad del impacto que los seres humanos estamos produciendo sobre la creación del Señor.

En esta gran historia de Dios cada capítulo fluye del anterior y nos da contexto y razón para el que sigue. Por eso, antes de hacer la transición al tercero conviene recapitular dónde estamos y cómo hemos llegado hasta aquí.

La rebelión del ser humano contra Dios, haciendo uso de su libertad y rechazando la relación significativa que el Señor deseaba tener con él, produjo una catástrofe de dimensiones cósmicas que afectó a todo lo creado por Dios. Todo aquello que había sido declarado ¡muy bueno! se vio afectado por el pecado que corrompió y alteró todas las dimensiones de la creación de Dios. El proyecto de humanidad y universo que el Señor tenía en mente se hizo inviable, imposible.

Podemos afirmar que nosotros, en tanto que humanidad y el universo, somos un proyecto fracasado, una creación que no pudo ser, que nuestro pecado hizo inviable y condenó al fracaso. Este mundo que hay a nuestro alrededor y esta humanidad que experimentamos no es ¡para nada! lo que Dios pensó, tuvo en mente y creó. Esto es el resultado del pecado, de nuestra rebelión, de nuestro deseo y persistencia en vivir al margen del Señor, su jurisdicción, su señorío y su autoridad.

CAPÍTULO 3: REDENCIÓN

CREACIÓN	REBELION	REDENCIÓN	MISIÓN	NUEVA CREACIÓN
Génesis 1 y 2	Génesis 3	1Juan 3.8 Col 1.19-21 Efesios 2.16 Juan 3.16 2Co 5.19-21	Mateo 9.9 Juan 20.21	Apocalipsis 21 y 22
ARMONÍA	DESOBEDIENCIA	RESTAURACIÓN	SÍGUEME	ARMONÍA

Este capítulo comienza con una humanidad que no pudo ser y un universo que también fue inviable. Ambas cosas hicieron necesaria la intervención de Dios en la historia humana. Una intervención con un propósito: restaurar y reconciliar todas las cosas. Hacer viable aquello que el pecado hizo inviable, una nueva humanidad y una nueva creación.

Porque tal y como nos dice Juan 1:14:

> *Entonces la Palabra se hizo hombre y vino a vivir entre nosotros. (NTV).*

Vale la pena profundizar un poco más en la venida de Jesús y su propósito. Juan 3:16, uno de los versículos más conocidos de la Escritura, nos ayuda mucho si entendemos que la palabra que nuestras Biblias traducen como «mundo» es en realidad la palabra griega «*cosmos*», que significa todo lo creado por Dios. Este querido y popular fragmento de las Escrituras suena muy diferente de este modo:

> *De tal manera amó Dios a su creación que dio a su Hijo único, para que todo aquel que crea en Él no se pierda, al contrario, tenga vida eterna.*

Somos tan antropocéntricos que nos cuesta ver, entender e incluso creer y aceptar que Jesús no murió únicamente por nosotros, lo hizo por toda la creación de Dios porque toda ella precisa y requiere ser restaurada, reconciliada, en definitiva, salvada. Es cierto que entre toda la creación nosotros, los seres humanos, somos los únicos que con voluntad podemos responder a la invitación salvífica del Señor. No podemos olvidar que toda la creación sufre a consecuencia de nuestro pecado y rebelión contra el Señor y su autoridad.

Juan, escribiendo en su primera carta, dice lo siguiente:

> *...Pero el Hijo de Dios vino para destruir las obras del diablo. (1 Juan 3:8 NTV).*

Cuando pienso en esta afirmación de Juan entiendo que las obras del diablo son esas cuatro grandes rupturas que el pecado ha producido en la experiencia humana –con Dios, interna, con otros y con la creación-. Entiendo que se trata de hacer viable el proyecto de universo y humanidad que el pecado y Satanás hicieron inviables.

Tiene todo el sentido. Si el pecado fue una catástrofe de dimensiones cósmicas, la salvación, la redención, debe tener el mismo alcance y dimensión. Debe afectar, sin excepción, a todo lo creado, a todo lo afectado por el pecado. Así lo entendió el apóstol Pablo y así se lo escribió a los Colosenses:

> *Y en él se encuentra todo el poder divino.*
>
> *Por medio de Cristo, Dios hizo que todo el universo volviera a estar en paz con él. Y esto lo hizo posible por medio de la muerte de su Hijo en la cruz. (Colosenses 1:19-20 TLA).*

Pablo, escribiendo su segunda carta a los Corintios incide en este mismo punto de la reconciliación de todo el universo por medio de Jesús:

> *En Cristo, Dios estaba reconciliando al mundo con él, no tomándole en cuenta sus pecados, y encargándonos a nosotros este mensaje de la reconciliación. (2 Corintios 5:19).*

Jesús no vino únicamente para llevarnos al cielo. Lo hizo para hacer posible una nueva humanidad y una nueva creación. No en vano en Romanos capítulo 5 Pablo desarrolla este concepto al indicar que Jesús es el nuevo Adán, el prototipo, el primero, el modelo, el ejemplo de una nueva humanidad. En palabras del apóstol escribiendo a los Romanos: el hermano mayor entre muchos hermanos.

> *Dios los conocía antes de que el mundo fuera creado. Él decidió que fueran como su Hijo y quería que el Hijo fuera el mayor de muchos hermanos. (Romanos 8:29 PDT).*

Cuando yo miro a Jesús se producen en mí dos sentimientos encontrados, contrapuestos. Por un lado una profunda tristeza; ya que al ver al Jesús reflejado en los evangelios veo al tipo de ser humano que Dios había pensado; el hombre que yo pude haber llegado a ser si el pecado no me hubiera convertido en lo que soy, un proyecto fallido. Pero por otro lado siento esperanza porque Jesús es el tipo de persona que, gracias a su obra en mí, estoy destinado a ser, en el que un día me convertiré, aunque ciertamente ahora estoy en proceso. El apóstol Juan lo expresó muy bien en su primera carta cuando escribió:

> *Miren cuánto nos ama el Padre que somos llamados hijos de Dios. ¡Y de veras lo somos! Como la mayoría de la gente no conoce a Dios, tampoco reconoce lo que somos.*
>
> *Sí, amados míos, ahora somos hijos de Dios, y no podemos ni siquiera imaginarnos lo que vamos a ser después. Pero de algo estamos ciertos: que cuando él venga seremos semejantes a él, porque lo veremos tal como es. El que espera esto se purifica, como Cristo es puro. (1 Juan 3:1-3).*

Aquí es donde entra en juego el acompañamiento espiritual, el trabajo del mentor. Acompañamos a cada joven en su proceso único y singular de ser similares a Jesús, de cada día vivir y pensar más como Él; de ser, en definitiva, pequeños «Jesuses».

Una nueva humanidad de la cual Jesús es el modelo. Pero también Él vino para hacer posible una nueva creación, el Reino de Dios que fue el eje de su mensaje y ministerio tal y como lo plasman los evangelios.

CAPÍTULO 4: MISIÓN

CREACIÓN	REBELION	REDENCIÓN	MISIÓN	NUEVA CREACIÓN
Génesis 1 y 2	Génesis 3	1Juan 3.8 Col 1.19-21 Efesios 2.16 Juan 3.16 2Co 5.19-21	Mateo 9.9 Juan 20.21	Apocalipsis 21 y 22
ARMONÍA	DESOBEDIENCIA	RESTAURACIÓN	SÍGUEME	ARMONÍA

La misión es el capítulo en el que tu historia y mi historia convergen con la gran historia de Dios. Es la gran historia en la que encajan nuestras pequeñas historias, las de todos los seguidores de Jesús a lo largo de generaciones y generaciones. Tomamos el testigo de aquellos que nos precedieron y se lo pasaremos a aquellos que nos seguirán. En este contexto adquiere para mí un sentido nuevo las palabras del escritor de Hebreos:

> *¡Todas esas personas están a nuestro alrededor como testigos! Por eso debemos dejar de lado el pecado que es un estorbo, pues la vida es una carrera que exige resistencia.*
>
> *Pongamos toda nuestra atención en Jesús, pues de él viene nuestra confianza, y es él quien hace que confiemos cada vez más y mejor. (Hebreos 12:1-2 TLA).*

Una de las palabras más usadas por Jesús en los evangelios es «¡Sígueme!». Es por esta razón que la he escogido como la palabra clave que define este gran capítulo de la historia de Dios. Jesús nos invita a seguirle con, según mi humilde entender, un doble propósito: primero, restaurar en mí las consecuencias del pecado –las cuatro rupturas- y formar en mí ese hombre nuevo hecho a su imagen. Segundo, colaborar con Él en el ministerio de la restauración y reconciliación de todas las cosas. Tal y como Pablo lo expresó:

> *Todo esto es la obra de Dios, quien por medio de Cristo nos reconcilió consigo mismo y nos dio el encargo de anunciar la reconciliación. (2 Corintios 5:18 DHH).*

Siempre he pensado que es una especie de terapia ocupacional. Dios me restaura mientras me invita a unirme a Él en el proceso de restaurar a otros y restaurar el universo. La misión es, nada más y nada menos, que colaborar con Jesús en el ministerio de la restauración y la reconciliación de todo el cosmos con Dios (recuerda nuevamente Juan 3:16). ¿Cómo lo llevamos a cabo? Eso lo veremos más adelante. La misión, a semejanza de la historia del histrionicus histrionicus, es donde encaja nuestra pequeña historia en una superior que le da sentido, contexto y significado.

CAPÍTULO 5: NUEVA CREACIÓN

CREACIÓN	REBELION	REDENCIÓN	MISIÓN	NUEVA CREACIÓN
Génesis 1 y 2	Génesis 3	1Juan 3.8 Col 1.19-21 Efesios 2.16 Juan 3.16 2Co 5.19-21	Mateo 9.9 Juan 20.21	Apocalipsis 21 y 22
ARMONÍA	DESOBEDIENCIA	RESTAURACIÓN	SÍGUEME	ARMONÍA

La misión no es un fin en sí misma. La misión apunta hacia la culminación de la gran historia de Dios y a ella contribuye y hacia ella se encamina. Porque es la convicción y esperanza de los seguidores de Jesús que al final todo el universo será restaurado y reconciliado con Dios por medio de Cristo. Las cosas serán como debieron ser y no como el pecado generó debido a la desobediencia del ser humano. Toda la creación –incluidos nosotros- seremos lo que nunca debimos haber dejado de ser. Como ya indiqué, Juan, el apóstol, así lo expresa cuando afirma en su primera carta:

> *Pero de algo estamos ciertos: que cuando él venga seremos semejantes a él, porque lo veremos tal como es. (1 Juan 3:2).*

Los últimos capítulos de Apocalipsis reflejan muy bien cómo será la culminación de la historia. La armonía que existía en el primer capítulo, y que se perdió como consecuencia del pecado, se ve recobrada en este último. Un cuadro comparativo ayuda a visualizarlo:

GENESIS	APOCALIPSIS
El ser humano se esconde de Dios.	Dios habita de nuevo entre los seres humanos.
Vergüenza, miedo, culpa, dolor, enfermedad.	No hay muerte, ni luto, ni llanto, ni dolor.
La relación entre los seres humanos rota.	Gente de toda tribu, pueblo, raza y nación.
La relación con la creación rota, el hombre se vuelve depredador.	Cielos y tierra nuevos.

RESUMIR Y CONTEXTUALIZAR

He pretendido por medio de este capítulo poner las cosas en contexto para poder ganar perspectiva. He explicado cómo el pecado hizo inviable un proyecto de humanidad y de universo generando una auténtica catástrofe de dimensiones cósmicas porque afectó a todo lo creado por Dios. Yo no soy el ser humano que Dios pensó, diseñó y tenía en mente cuando afirmó, después del proceso creativo, que todo era bueno. Yo soy el resultado de la rebelión de la humanidad contra Dios. Del mismo modo este mundo que nos rodea no es el pensado y diseñado por Dios, de nuevo nos encontramos con el resultado del pecado. Todo ello hizo precisa, necesaria, imprescindible la intervención de Dios en la historia por medio de Jesucristo a fin de hacer viables una nueva humanidad –el hombre nuevo- y un nuevo universo –el Reino de Dios-.

Todos los seguidores de Jesús –sin excepción- hemos de estar enfocados en este doble propósito: parecernos más y más a Jesús y construir el Reino de Dios. Este es precisamente el contexto teológico en el cual encaja el acompañamiento espiritual, el trabajo del mentor. Tener este marco nos da perspectiva y nos ayuda a situar nuestros esfuerzos a la hora de trabajar con los jóvenes. Nos permite entender el propósito y el significado del acompañamiento espiritual, el porqué del mismo. Soy mentor, acompaño a jóvenes, con un doble propósito: que sean más y más como Jesús, que Cristo sea formado en sus vidas usando el lenguaje bíblico y que sean constructores del Reino de Dios, agentes de restauración y reconciliación.

Entender el propósito del acompañamiento espiritual, del trabajo del mentor, te proporcionará tres grandes beneficios: en primer lugar, te dará un sentido de dirección en tu trabajo; sabrás hacia dónde encaminar tus esfuerzos y qué buscar por medio del acompañamiento. Impedirás que éste se convierta en un fin en sí mismo y no en un medio para la formación del hombre nuevo y la construcción del Reino.

En segundo lugar, te permitirá tener un criterio para evaluar lo que haces y lo que dejas de hacer. Podrás pensar si tu proceso de acompañamiento está ayudando a que la persona sea más y más como Jesús y si está ejerciendo su rol como agente de restauración y reconciliación. No podemos evaluar lo que hacemos a menos que tengamos un objetivo final con el cual comparar.

En tercer y último lugar, nos permitirá adecuar nuestros medios a nuestros fines. Todos estamos de acuerdo con que el fin no justifica los medios. Sin embargo, no es menos cierto que el fin siempre determina los medios. Aquello que deseamos lograr nos indicará los medios que serán adecuados, los inadecuados y aquellos que tienen un carácter neutro.

Hay un dicho que afirma: «quien no sabe a dónde va, cualquier camino le sirve». Aplicado al trabajo del mentor, al acompañamiento espiritual, hemos de afirmar que sabemos a dónde vamos –ayudar a que Jesús sea formado en la vida de los jóvenes y éstos sean agentes de restauración y reconciliación- y queremos acompañarlos en su proceso.

Has acabado un nuevo capítulo; reflexiona sobre el mismo, inclínate hacia atrás para que generes distancia y aumentes tu perspectiva de lo que has leído (recuerda que ese es el significado de la palabra reflexión). ¿Cuáles han sido las tres cosas más significativas que has leído? Por favor, anótalas en el espacio aquí provisto.

1. ____

____

2. ____

____

3. ____

____

Gracias por tomarte el tiempo. Ahora una cosa más. La reflexión siempre nos ha de llevar a la acción. ¿Qué vas a hacer, qué paso práctico vas a llevar a cabo –por pequeño que sea- como consecuencia de tu reflexión? ¿Cuándo (lo más específico que te sea posible) lo vas a realizar? Por favor, de nuevo anota ambas cosas en el espacio provisto.

____

____

____

____

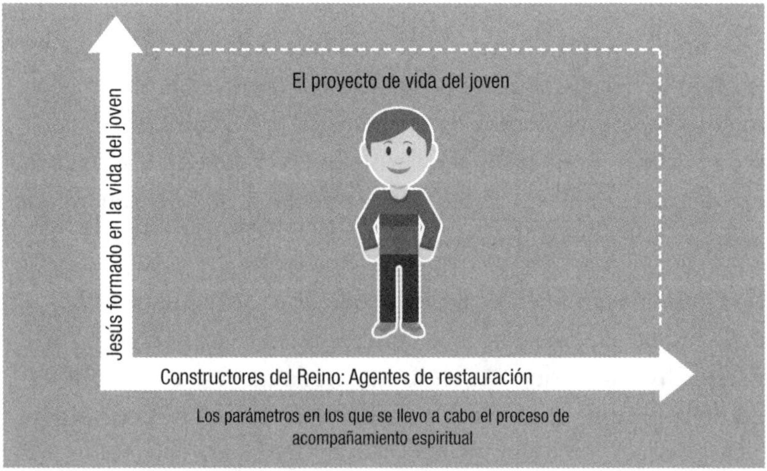

EL ACOMPAÑAMIENTO ESPIRITUAL en su contexto pedagógico

Capítulo 4

Nadie puede caminar
sin un guía.

Agustín de Hipona

En el libro «Raíces, pastoral juvenil en profundidad», que escribí juntamente con Annette Gulick y Gerardo Muniello, se explica ampliamente los cinco grandes acercamientos educativos que Jesús usó en el trabajo de formar discípulos. Me ha parecido que era importante dar un contexto pedagógico –es decir, qué lugar ocupa el acompañamiento espiritual en el trabajo integral de la formación de discípulos-, del mismo modo que creí conveniente encuadrar el trabajo del mentor en el contexto teológico –es decir, qué lugar ocupa el acompañamiento en la gran historia de Dios-.

Si ya estás familiarizado con «Raíces» verás que los contenidos de este capítulo son una revisión y puesta al día de algunos de los materiales que aparecen en esa obra.

LOS ACERCAMIENTOS EDUCATIVOS

El trabajo del mentor, el acompañamiento espiritual, es uno de los cinco acercamientos educativos que usamos para llevar a cabo este doble propósito antes mencionado, que Jesús sea formado en la vida de los jóvenes y que éstos sean agentes de restauración y reconciliación en un mundo roto. Los acercamientos son los canales a través de los cuales llevamos a cabo ese proceso. En el ministerio de Jesús, nuestro modelo, podemos rastrear cinco acercamientos educativos básicos: los grupos grandes, los grupos pequeños, el acompañamiento espiritual, el tiempo concentrado y el servicio. Brevemente voy a explicar cada uno de ellos y ver cómo Jesús los usó en el contexto de su ministerio.

EL GRUPO GRANDE

Un rápido repaso mental a los evangelios nos sirve para recordar que Jesús dedicó una parte de su tiempo a las multitudes. El Sermón del Monte (Mateo 4:24 - 5:2; Marcos 3:7-13; Lucas

6:17-20), cuando una gran multitud se reúne a su alrededor y Él procede a un proceso de transmitir información acerca del Reino de Dios, puede ser sin duda el ejemplo más emblemático de este acercamiento. Vemos otros ejemplos en las predicaciones relacionadas con la multiplicación de los panes y los peces y su enseñanza cotidiana en el templo o las sinagogas. En cada caso vemos un mismo sermón compartido a todos sin distinción.

El enfoque aquí no es el tamaño del grupo precisamente. No necesariamente se convierte en «grupo grande» si alcanza un determinado número de individuos, sino por el hecho de que el grupo engloba personas heterogéneas, es decir, diversas. En un grupo grande es normal encontrar diferentes niveles de interés, compromiso, crecimiento y necesidad.

Un acercamiento de este tipo no permite ministrar necesidades concretas e individuales de las personas. Ha de contentarse forzosamente con un acercamiento global y general si no se quiere correr el peligro de dejar fuera del mismo a un sector más o menos grande de la audiencia. Esto me sucede cada domingo cuando tengo que predicar en mi iglesia local. La congregación es variada y con necesidades muy dispares. Algún domingo, de forma puntual, puedo predicar para una porción específica de la audiencia y tratar de ministrar necesidades muy concretas. Sin embargo, esa no puede ser la tónica semanal porque perdería rápidamente a la audiencia que vería domingo tras domingo que sus necesidades no son atendidas.

La palabra clave de este acercamiento es: **heterogeneidad.**

EL GRUPO PEQUEÑO

Es indudable que las multitudes fueron importantes para Jesús, pero es cierto que el pequeño grupo de sus discípulos siempre fue su prioridad. De hecho, los evangelios señalan que el Sermón del Monte fue dirigido a sus discípulos, aunque la multitud también le escuchó. Dos fantásticos libros que han estudiado a fondo el trabajo educativo de Jesús, el ya mencionado «Plan supremo de evangelización» de Robert Coleman y «Tres años con Jesús» escrito por A.B. Bruce, nos indican que las multitudes nunca fueron la prioridad del Maestro. No estamos diciendo que éstas no fueran importantes para Jesús, sino estamos afirmando que no constituyeron su prioridad.

Fue al pequeño grupo formado por aquellos doce discípulos que dedicó la principal parte de su tiempo y esto es más y más evidente conforme el fin de su ministerio terreno se iba acercando. Los capítulos 13 al 15 del evangelio de Juan nos muestran a Jesús trabajando con ellos de forma intensa. Una lectura de estos capítulos, nos muestran lo diferentes que son los contenidos, los temas y la forma en que Jesús se dirigía a este grupo pequeño.

Si el grupo grande se caracteriza por la heterogeneidad, es la homogeneidad lo que describe al grupo pequeño. Sus componentes pueden estar unidos debido a que tienen ciertas características comunes tales como la edad, estado social, nivel académico, necesidades especiales y un etcétera tan largo como deseemos.

La palabra clave de este acercamiento es: **homogeneidad.**

EL TIEMPO CONCENTRADO

Este tipo de acercamiento educativo, a primera vista, nos puede ser más difícil de rastrear en las Escrituras. Los campamentos, encuentros o retiros no aparecen en la Biblia con esas palabras, sin embargo, estuvo presente en el trabajo educativo de Jesús, aunque no siempre con el éxito deseado. En más de una ocasión invitó a sus discípulos a retirarse a un lugar solitario con el fin de estar a solas con ellos.

Marcos 6:30-33 parece indicarnos que de tanto en tanto Jesús necesitaba apartarse de las multitudes y concentrarse con sus seguidores más cercanos. No parece impropio pensar que Jesús pasara periodos largos de tiempo alejado de todo ministerio público y enfocándose en su círculo más íntimo de seguidores. No olvidemos que, aparte del reducido grupo de los doce discípulos, son mencionados en la Escritura dos círculos más amplios (Lucas 10:1; Hechos 1:15). Tal vez el ejemplo más claro vas a encontrarlo en el libro de los Hechos de los Apóstoles en el primer capítulo. Después de su resurrección y antes de su ascensión definitiva con el Padre, Jesús pasó cuarenta días con sus discípulos enseñándoles acerca del Reino. ¡No está nada mal, cuarenta días de retiro! Fue un tiempo especial, apartados con un propósito específico, para poder cumplir un objetivo concreto.

El tiempo concentrado nos permite sacar a los jóvenes de su entorno habitual y, de esta manera, poder dedicar más tiempo a estar con el Señor y poder desarrollar una mayor sensibilidad hacia Él y su voz. El tiempo concentrado, sin ninguna duda, acelera e intensifica el impacto educativo que se puede tener en los participantes. Sin duda, tú mismo has experimentado en tu propia vida los beneficios de este tipo de acercamiento educativo. La cantidad de tiempo y el entorno no habitual favorecen el aprendizaje.

La palabra clave de este acercamiento es: **enfoque.**

EL ACOMPAÑAMIENTO ESPIRITUAL

En muchos pasajes significativos vemos a Jesús trabajando con personas de forma individual, afrontando directamente sus necesidades específicas, únicas y singulares. La mujer samaritana, Nicodemo, Pedro, el joven rico, entre otros muchos, son ejemplos de cómo Jesús se dedicaba a seres humanos individuales y ajustaba sus enseñanzas y su ministerio a las necesidades reales, específicas y únicas de los mismos.

Ya he comentado al comienzo de este libro la importancia y necesidad que tiene el acompañamiento espiritual, el trabajo del mentor en la vida de los jóvenes. No voy a repetirme en este apartado.

La palabra clave de este acercamiento es: **singularidad.**

LA AYUDA A UN MUNDO NECESITADO

El último acercamiento educativo usado por Jesús fue el servicio a un mundo necesitado. El Maestro involucró a sus discípulos en su trabajo de demostrar el Reino de Dios por medio de los milagros y señales. Las sanaciones, alimentaciones y liberaciones espirituales eran, como afirmó el mismo Jesús, evidencias de que el Reino se había acercado y, consecuentemente, los efectos del pecado sobre las personas podían ser mitigados. Los discípulos estuvieron desde el principio formando parte y expuestos a todo el trabajo de servicio que Jesús llevaba a cabo.

Pero el Maestro también deseaba que ellos experimentaran el servicio de primera mano. En una ocasión les retó a que fueran ellos quienes alimentaran a una multitud hambrienta (Lucas 9:13). En otra, los discípulos no pudieron curar a un muchacho endemoniado (Mateo 17:14-20). Jesús envió a sus seguidores en dos viajes misioneros de corto plazo destinados a que ellos sirvieran a un mundo en necesidad. Estos viajes son conocidos como la misión de los doce (Lucas 9:1-6) y la misión de los setenta (Lucas 10:1-12).

El doble propósito de la pastoral juvenil, como ya mencioné, es que Jesús sea formado en la vida del joven y que éste sea un agente de restauración y reconciliación en un mundo roto. La restauración y la reconciliación no se aprenden por medio de sermones, sino bajando a la realidad de un mundo roto y ministrando sus necesidades; por eso el servicio es tan importante en el trabajo de formación de jóvenes.

La palabra clave de este acercamiento es: **servicio.**

CÓMO FUNCIONAN LOS ACERCAMIENTOS EDUCATIVOS

El trabajo educativo, debido a su propósito de ayudar a los jóvenes a pensar y vivir como Jesús y llegar a ser agentes de reconciliación y restauración, es realmente muy complejo en su puesta en práctica. Plantea situaciones y necesidades que, como hemos visto hasta aquí, son muy variadas y amplias y, por tanto, difícilmente pueden ser satisfechas usando un único acercamiento educativo. Precisamente, esta variedad y complejidad hacen necesario utilizar los cinco y, por eso mismo, los vemos presentes en el ministerio de Jesús.

Ninguno de estos acercamientos es en sí mismo autosuficiente Más bien, cada uno suple una gama distinta de necesidades. Algunas de ellas pueden ser cubiertas mediante el uso de uno de los acercamientos, pero éste mismo puede manifestarse totalmente ineficaz para ministrar otra serie distinta de necesidades. Así que es precisamente el uso combinado de los diferentes acercamientos lo que permite el cumplimiento de los objetivos educativos enunciados.

Cada uno cubre una gama de necesidades

La complejidad de los muchachos y muchachas con los que trabajamos por un lado, y la complejidad del proceso educativo por otro, hacen que se planteen muchas necesidades a la hora de trabajar y llevar a buen término la Pastoral Juvenil. Un único acercamiento educativo no podría satisfacer ni cubrir semejante complejidad y variedad pero los cinco acercamientos sí que pueden.

Cada uno de los canales que usamos se amolda mejor o es más adecuado para suplir una gama de situaciones y, por tanto, lo usaremos de esa manera. Piensa en los cubiertos que se usan diario en la mesa; cada pieza tiene su función y es difícil, o hasta imposible, comer una comida completa si falta alguna pieza. Así es con los acercamientos educativos. Cada uno tiene su función y su fuerza. Cada uno cumple un papel único y específico al cubrir las necesidades del joven. No se trata de usar uno u otro, de escoger uno favorito, ni de quedarnos con lo que siempre se ha usado en nuestra iglesia. Tampoco se trata de enfocarnos en el que más nos gusta, o aquel con el que nos sentimos más cómodos trabajando. Se trata de entender el papel de cada uno y escoger el más apto para suplir cada necesidad.

Un ejemplo puede ayudarte a entender esta idea. Está claro que cuando necesites exhortar, desafiar, confrontar o tratar con un joven temas delicados no utilizarás el grupo grande sino que los tratarás más bien en el ámbito personal, solo con el individuo en cuestión. Por el contrario, la motivación, el ánimo, el estímulo y el sentido de pertenencia se suple mucho mejor en una situación de grupo grande. La necesidad de intimidad, de apoyo mutuo, de tratar temas que interesan a los que son semejantes a mí, encuentra su ambiente ideal en una situación de grupo pequeño. Si deseo que mis jóvenes desarrollen compasión por las necesidades integrales de su comunidad generaré proyectos de servicio. Finalmente, si quiero que mis jóvenes pasen tiempo concentrados en el Señor, lejos del ambiente cotidiano, que tan a menudo estorba para conseguir este objetivo, el campamento, el encuentro o el retiro satisfará esa necesidad. Tu responsabilidad es discernir cuáles son las necesidades de las personas con las que estás trabajando y cuál de los diferentes acercamientos educativos aplicar.

LIMITADOS EN SU ALCANCE

Igual que los cubiertos en una buena comida, en algunos casos, los acercamientos pueden ser intercambiables (se puede dar instrucción bíblica a través de cada uno); en otros se pueden intercambiar pero no sería muy sabio (si sólo das instrucción bíblica de forma individual te va a absorber mucho tiempo); y hay momentos cuando el uso del acercamiento equivocado puede impedir que logres algún objetivo. Si no me crees, trata de cortar un buen trozo de carne argentina con una cucharita de postre.

Ninguno de los acercamientos por sí mismo y usado de manera independiente sirve para cubrir todos los objetivos y necesidades educativas de la gente con la que estamos trabajando. Es importante que hagas un esfuerzo por comprender cómo puede ser usado un determinado acercamiento. También es muy importante que entiendas cuáles son sus límites (hasta dónde puedes llegar con su uso), sus condicionantes y las fortalezas de su uso.

Cometeríamos un gran error si pensáramos que con uno, dos, o incluso cuatro acercamientos podríamos suplir todas las necesidades. Es evidente que cuantos más canales educativos estén funcionando en nuestro ministerio con los jóvenes, más efectivos seremos en cubrir y suplir sus necesidades y alcanzar los objetivos propuestos –que Jesús sea formado en sus vidas y que sean agentes de restauración y reconciliación-. No obstante, no hemos de engañarnos, la gama de necesidades a cubrir no será completa en tanto no tengamos todos los acercamientos en pleno funcionamiento.

SON COMPLEMENTARIOS

Esta característica nace de todo lo anteriormente mencionado. Si bien cada acercamiento es limitado en su alcance, cuando los cinco son usados de forma combinada y simultánea se pueden cubrir y ministrar todas las necesidades del joven. Un acercamiento suple las carencias de los otros. Uno sirve para cubrir objetivos y necesidades educativas que otros no pueden cubrir. La razón de tener cinco canales educativos –al margen de que Jesús los usó en su trabajo de formación de personas– es su acción complementaria; unos ministran allí donde los otros no pueden. Es como una carrera de relevos: cuando un relevista llega al límite, entra a pleno rendimiento el siguiente corredor.

Al usar de forma complementaria los cinco acercamientos educativos vamos viendo en qué manera todas las necesidades del joven van siendo ministradas y el proceso educativo, por la acción sobrenatural del Espíritu Santo, sale adelante de forma imparable. Volvamos de nuevo a nuestra ilustración del banquete y los cubiertos: recuerda que usas, complementaria y alternativamente, los diferentes cubiertos según los diferentes platos o manjares te lo van demandando. Lo mismo has de hacer con el proceso educativo, discierne cuál es el acercamiento educativo más adecuado para las necesidades y retos que tanto a ti como a tus jóvenes el discipulado va planteando.

Hay que mencionar que una sola actividad puede hacer uso de más de un acercamiento. Por ejemplo, en la iglesia de uno de mis amigos en Buenos Aires, parte de la reunión de grupo grande se programa para que, en el contexto de la misma, haya un tiempo en grupos pequeños; también hay tiempo informal antes y después de la reunión del grupo grande que permite que los líderes de grupos pequeños puedan tener tiempo con los muchachos y las muchachas de su grupo. En la programación de los campamentos, retiros o encuentros, además de los tiempos en el grupo grande, se pueden crear espacios para los grupos pequeños, el acompañamiento espiritual y para programar actividades de servicio a la comunidad o colectivos necesitados.

RESUMIR Y CONTEXTUALIZAR

Permíteme unas últimas palabras acerca de los cinco acercamientos educativos y también colocar en contexto el acompañamiento espiritual, el trabajo del mentor.

No utilices un único acercamiento educativo. Si lo haces, dejarás muchas de las necesidades del joven sin cubrir.

Trabaja a medio y largo plazo. No te preocupes si ahora mismo no estás en condiciones de poner en práctica todos los acercamientos educativos. Si ves con claridad la necesidad y tienes la convicción de que has de imitar a Jesús en esta manera de trabajar, planifica a medio y largo plazo para poder implantarlos en tu Pastoral Juvenil. Que no estés en condiciones de hacerlo ahora, no significa que debas renunciar.

Aprende a relacionar acercamientos y necesidades. Como en todo, la práctica ayuda. Ve desarrollando, poco a poco, la capacidad de ir entendiendo cómo cada acercamiento puede ser usado y qué necesidades pueden ser ministradas mejor por medio del uso del mismo.

Desarrolla líderes. Te darás cuenta de que la Pastoral Juvenil es mucho más complicada de lo que parece y que, necesariamente, implica que más personas deben ser involucradas en el trabajo. Haz un esfuerzo por formar otras personas que te serán una ayuda imprescindible y valiosa para poner en práctica los cinco acercamientos.

El trabajo de que Jesús sea formado en la vida de los jóvenes y de que se conviertan en agentes de restauración y reconciliación no es, en absoluto, sencillo. Las necesidades de los muchachos y muchachas con los que trabajamos son múltiples, variadas y complejas; por eso necesitamos, en imitación de Jesús, los cinco acercamientos educativos. Sin embargo, la realidad actual de la juventud, como ya expliqué al comienzo de este libro, nos demandan un mayor énfasis en el trabajo del mentor, el acompañamiento espiritual. La vida es dinámica y también lo es el uso de estos acercamientos. Hoy en día los jóvenes precisan de más tiempo de calidad y acompañamiento que en épocas pasadas y eso hace que en el contexto de todos los acercamientos educativos debamos poner más y más el acento sobre el mismo; eso sí, sin olvidar los otros cuatro y cómo equilibrarlos y usarlos de una forma combinada.

Como escribí al inicio de estos dos capítulos –el contexto teológico y el educativo- era mi intención ubicar el acompañamiento espiritual en un marco superior que nos permitiera entender su papel y su uso. Espero haberlo logrado y que cuando practiques el trabajo del mentor no lo hagas como algo separado, sin referencias, como un fin en sí mismo sino que, antes bien, puedas verlo como una pieza clave de la gran historia de Dios y del trabajo educativo que estás llamado a hacer. Es hora pues de movernos hacia adelante.

El capítulo ha llegado a su fin. Reflexiona sobre el mismo, inclínate hacia atrás para que generes distancia y aumentes tu perspectiva de lo que has leído (recuerda que ese es el significado de la palabra reflexión). ¿Cuáles han sido las tres cosas más significativas que has leído? Por favor, anótalas en el espacio aquí provisto.

1. ______________________________

____

2. ______________________________

____

3. ______________________________

____

Gracias por tomarte el tiempo. Ahora una cosa más. La reflexión siempre nos ha de llevar a la acción. ¿Qué vas a hacer, qué paso práctico vas a llevar a cabo –por pequeño que sea- como consecuencia de tu reflexión? ¿Cuándo (lo más específico que te sea posible) lo vas a realizar? Por favor, de nuevo anota ambas cosas en el espacio provisto.

El camino de Emaús: una imagen bíblica del acompañamiento espiritual

Capítulo 5

Jesús mismo se les acercó
y se puso a caminar a su lado.

Lucas

Lucas en su evangelio narra un encuentro del Jesús resucitado con dos de sus discípulos que iban desde Jerusalén a una pequeña aldea llamada Emaús (Lucas 24:13-15). Pienso que este pasaje es una increíble manera de ilustrar, a grandes rasgos, qué es y cómo funciona el trabajo del mentor, el acompañamiento espiritual. Hace años que descubrí que en esta experiencia de Jesús puedo encontrar los principios que rijan y orienten mi trabajo de acompañamiento espiritual a otros.

Déjame que haga un breve paréntesis para explicar la diferencia entre un principio y un método.

LOS PRINCIPIOS Y LOS MÉTODOS

Los principios son verdades universales y atemporales. Permíteme explicarlo de otra manera; los principios pueden funcionar en todas las épocas y culturas. Por el contrario, los métodos son temporales y locales. Por ejemplo, lo que puede funcionar perfectamente en una iglesia puede no ser transferible a otra, y no de un país diferente sino incluso de la misma ciudad.

Un principio puede ser adaptado a cualquier cultura, es aplicable en cualquier época. Un método acostumbra a ser la forma en que se aplica un principio en una realidad específica temporal y geográfica. Te recomiendo que cuando lleves a cabo el trabajo con la juventud siempre te fijes en los principios y seas cuidadoso con el uso de los métodos. Es mucho mejor identificar los principios detrás de un modelo dado y después hacerse la pregunta acerca de cómo esos mismos principios puedo aterrizarlos en mi realidad única y singular.

Termino usando un ejemplo que deseo me permita expresar mejor la diferencia. Principio: pasar tiempo con los jóvenes a nivel individual, personal. Método: ir a correr con ellos largas distancias y compartir mientras corremos. Como ves, el principio sirve para cualquier época y cultura, sin embargo, el método es muy personal; me sirve a mí pero puede ser que no te sirva a ti porque no te gusta correr largas distancias o no estás en condiciones de hacerlo.

Veamos pues qué nos desvela el pasaje.

JESÚS TOMÓ LA INICIATIVA

"Jesús mismo se acercó y empezó a caminar con ellos". Fue el Maestro quien tomó la iniciativa de acercarse a aquellos dos discípulos que estaban en tránsito hacia la aldea de Emaús. Él da el primer paso, les sale al encuentro y se une a ellos en el resto de la caminata.

JESÚS SE ACERCÓ A LOS DISCÍPULOS EN SU REALIDAD

La realidad de aquellas dos personas era de ofuscación; sus ideas estaban confundidas y ellos presos de un desánimo por las esperanzas puestas en Jesús que, aparentemente, se habían desvanecido con su repentina muerte. Era tal su situación que nos dice Lucas que fueron incapaces de reconocer al Maestro caminando junto con ellos.

JESÚS LES ACOMPAÑÓ EN SU REALIDAD

El Señor se encontró con la realidad que había, la aceptó y desde la misma les acompañó. Me encanta la expresión que usa Lucas "y empezó a caminar con ellos". En las Escrituras caminar y camino son sinónimos de la vida y del proceso de vivir. Lo que el pasaje transmite es que Jesús nos alcanza allí donde estamos, sea cuál sea nuestra situación intelectual, emocional, espiritual o social y, desde la misma, nos acompaña, camina con nosotros. El Maestro no se desanima pensando el grado de madurez emocional y espiritual que aquellos discípulos deberían tener después de todo lo que habían vivido y experimentado con Él; antes al contrario, acepta lo que hay y desde ese punto comienza con ellos.

JESÚS HIZO RELEVANTE LA PALABRA DE DIOS PARA SUS VIDAS

Lucas dice: "Entonces les explicó todo lo que las Escrituras decían acerca de él, comenzando por Moisés y siguiendo por todos los profetas" (Lucas 24:27). Relacionar la Palabra con la vida de los discípulos, hacerla viva para ellos, establecer puentes entre lo que sienten y viven y lo que Dios nos dice por medio de las Escrituras. Esto es lo que hizo Jesús en el proceso de acompañamiento de sus discípulos.

SE PRODUJO LA TRANSFORMACIÓN

Cuando se produjo el momento del partimiento del pan, Lucas indica que fue el momento en el que los ojos les fueron abiertos y pudieron reconocer a Jesús. Ellos mismos reconocieron cómo su corazón se reforzaba cuando el Maestro les explicó las Escrituras. Aquellos que iban por el camino ofuscados, abatidos, desanimados y desesperanzados, regresaron gozosos a Jerusalén para compartir las buenas noticias con el resto de los discípulos.

De la historia de Emaús se desprenden los principios que nos pueden servir para estructurar nuestro trabajo de acompañar, como mentores, espiritualmente a los jóvenes. Esta historia nos habla de tomar la iniciativa → acercarnos a los jóvenes en su realidad → acompañarlos espiritualmente en la misma → hacer relevante la Palabra de Dios para sus vidas → esperar la transformación.

Mira esos principios con perspectiva. Te dan una clara estructura para organizar tu acompañamiento espiritual, para tu ejercicio como mentor.

Déjame hacer un resumen. Primero te comenté cómo el acompañamiento encajaba dentro de un marco teológico de referencia –formar a Jesús y ser agentes de restauración y reconciliación-. Después, te mencioné cómo también encajaba dentro de un marco pedagógico –los cinco acercamientos de la Pastoral Juvenil-. Ahora que ya sabes ubicar el trabajo del mentor en un contexto mayor, he compartido contigo una sencilla pauta para estructurar tu acompañamiento –basada en el ejemplo de Jesús en Emaús-; más adelante en este libro te daré las herramientas para poder llevar a cabo tu trabajo como mentor. Antes, sin embargo, debemos ver cómo los principios de Emaús aplican al trabajo con los jóvenes.

TOMA LA INICIATIVA

No esperes que el joven te pida que seas su mentor. Ciertamente habrá ocasiones en que alguien tomará la iniciativa y se dirigirá a ti con esa petición clara y específica, sin embargo, lo habitual es que seas tú quien tome de forma intencional y proactiva la iniciativa de acercarte a la persona. En los evangelios vemos que es Jesús quien da el primer paso e invita a los discípulos a una relación espiritual especial con ellos.

Es muy probable que en tu entorno haya más personas necesitadas de acompañamiento espiritual que las que puedas atender. Piensa que el proceso de ser el mentor de alguien, si se hace bien, implica tiempo y dedicación; por tanto tendrás que escoger a quién o a quiénes acompañas espiritualmente en su proceso de ser como Jesús y llegar a convertirse en agentes de restauración y reconciliación.

Te animo a que el proceso de selección no lo hagas de forma arbitraria. Los evangelios nos muestran que antes de una decisión similar el Señor pasó toda la noche orando. De nuevo, el principio es orar antes de decidir, la forma y la intensidad la decides tú. Sin embargo, no tomes ese proceso de escoger a la ligera, busca en Dios discernimiento y dirección acerca de con quién deberías invertir tu tiempo. No lo hagas por amiguismo o preferencias; busca criterios espirituales del tipo: quién está más necesitado, quién tiene más potencial para reproducir posteriormente el proceso de acompañamiento espiritual en otros, a quién está poniendo el Señor en tu corazón, por quién tienes una carga especial. Todos estos son criterios válidos que pueden servirte para tomar la decisión de con quién vas a tomar esa iniciativa de acercarte.

Me gustaría animarte a que justo en este momento tomes un tiempo para hablar con Jesús acerca de quién en tu entorno precisa ser acompañado espiritualmente. Consciente de que hay, con toda probabilidad, más personas que tiempo disponible, a quién sientes que el Señor te está dirigiendo, por quién te está poniendo carga (o tal vez ya la tenías). Escribe el nombre o nombres en el espacio provisto a continuación.

Sé realista con respecto a la cantidad de personas a las que estás en condiciones de acompañar. Evalúa bien tus fuerzas y no permitas que el entusiasmo te lleve a empezar procesos de acompañamiento a los que posteriormente no puedas darle continuidad. Es preferible que comiences con una o dos personas, que lo hagas con persistencia y excelencia y, si te ves con capacidad, luego lo amplíes. Esto siempre es preferible a comenzar con muchos generando expectativas que no podrás satisfacer. Eso puede generar mucho desánimo y frustración en los jóvenes y causarles daño.

En términos prácticos hay dos maneras en que puedes tomar esa iniciativa. La primera, acercándote a una persona y siendo explícito acerca de tu deseo de acompañarlo espiritualmente. En este caso ambos, de mutuo acuerdo, entráis en una relación donde ejercerás el papel de mentor y le acompañarás en ese proceso de formar a Jesús en su vida y ayudarlo a que pueda ser un agente de restauración y reconciliación. La segunda es llevando a cabo ese mismo proceso pero sin establecer una relación formal entre ambos. Me explicaré: estarás ejerciendo de mentor de la persona y la acompañarás sin que necesariamente ella tenga conciencia de estar formando parte de un proceso. Todo puede parecer desde fuera casual y relajado, sin embargo, desde tu lado hay una clara intencionalidad y proactividad. ¿Cuándo optar por una u otra opción? Como pastor te diría que depende del grado de confianza que tengas con la persona. Con algunos podrás ser directo y gratamente aceptarán un proceso de acompañamiento. Con otros deberás ser más sutil y acompañarlos de un modo más informal, menos estructurado. Deja que el Espíritu te guíe a discernir qué es lo mejor para cada persona ya que cada uno es único, singular y diferente.

ACÉRCATE AL JOVEN EN SU REALIDAD

Dos cosas he aprendido con respecto a los hijos y a los jóvenes de la iglesia. Ambas son similares, a saber, uno no tiene los hijos que quiere, sino los que Dios le da, y con ellos ha de hacer el mejor trabajo posible de paternidad. Tampoco en la iglesia uno tiene los jóvenes que quisiera –todos perfectos, naturalmente- sino aquellos que el Señor le concede. Con ello quiero reseñar que hemos de trabajar con la realidad que tenemos no con aquella que nos gustaría tener.

Por eso, cuando tomes la iniciativa de acercarte a un joven para acompañarlo espiritualmente y ejercer como mentor, has de asumir que tendrás que comenzar en el punto donde esté, no donde tú quisieras que estuviera. Eso implicará mucho ejercicio de la gracia, el amor y la aceptación incondicional para poder aceptar la realidad del joven y entender que lo acompañamos para que pueda ser similar a Jesús.

Una y otra vez vemos eso en el ministerio de Jesús. De hecho, en muchas ocasiones, fue juzgado por el tipo de relaciones que desarrollaba, las cuales a los ojos de los religiosos de su tiempo eran totalmente inaceptables por tratarse de pecadores. No debes acercarte a los jóvenes porque son perfectos –tú tampoco lo eres- sino para ayudarles a caminar hacia la perfección. En la actualidad estoy acompañando a personas que están viviendo en pareja sin estar casados, otros que tienen prácticas poco éticas o legales en sus negocios, aún otros que abiertamente mienten a su entorno y podría seguir con una lista que horrorizaría a cualquier fariseo clásico y contemporáneo. Sin embargo, creo en el poder transformador del Espíritu de Dios y que Jesús puede ser formado en sus vidas. Trabajo desde su realidad no desde la ficción.

ACOMPAÑA AL JOVEN EN SU REALIDAD

En la práctica eso significa que acompañamos al joven en su proceso vital, en generar su proyecto de vida personal, y en el mismo, como verás posteriormente, tratar de llevar la luz de la Palabra. Y la vida es dinámica, está llena de situaciones personales de carácter espiritual, ¡cierto! Pero también de tipo emocional, intelectual y social. La vida plantea retos en las relaciones interpersonales –amistad, la persona con la que compartir la vida-; genera dilemas vocacionales que exigen decisiones; trae problemas familiares que deben ser afrontados; plantea la necesidad de tomar partido delante de realidades sociales, culturales, políticas y económicas. En esta etapa de la vida la persona debe tomar muchas de las decisiones que serán determinantes en la forma en que ese proyecto vital personal se va moldeando y, en todo ello, el mentor debe acompañar al joven, estar a su lado y ejercer el papel que ya antes he mencionado que se espera de un mentor.

No olvides el contexto en el que acompañamos al joven: ayudarlo a que Jesús sea formado en su vida y a que pueda convertirse en un agente de restauración y reconciliación. Esos dos parámetros dan sentido y dirección a nuestro trabajo como mentores y, al mismo tiempo, al joven le dan un sentido de dirección para su propio proyecto de seguimiento del Maestro.

HAZ RELEVANTE LA PALABRA DE DIOS PARA SUS VIDAS

Yo diría que más que decirle al joven lo que debe hacer o dejar de hacer –aunque en ocasiones hay lugar para ello-, el mentor tiene el privilegio y la responsabilidad de ayudar a la persona a que pueda oír la voz de Dios para su vida en cualquier circunstancia que ésta esté viviendo. Es importante recordar que, tal y como nos dice en varias ocasiones Jesús en el capítulo 10 del evangelio de Juan, todos sus seguidores tenemos el derecho de escuchar su voz y reconocerla. No es algo reservado a unos pocos ungidos y escogidos, es un privilegio dado a cada cristiano. El mismo Jesús afirmó que no nos dejaba huérfanos, sino que vendría a vivir en nosotros por medio de su Espíritu y que éste, nos enseñaría todas las cosas (Juan 14:26) y nos guiaría a toda la verdad (Juan 16:13).

Por tanto el reto para ti como mentor es ayudar a que esa voz pueda ser escuchada por el joven en la realidad de su vida cotidiana. Sobre el papel parece fácil, sin embargo, no lo es. Esto es debido a que no hemos sido enseñados ni capacitados para discernir la voz del Señor. Tristemente –como líder hablo- los responsables de la grey hemos dicho a las personas lo que Dios quería de ellas –no dudo que con la mejor de las intenciones- y el resultado ha sido que hemos generado un infantilismo espiritual con creyentes que son incapaces de distinguir la voz de Dios entre las muchas voces que hablan a sus vidas y que dependen una y otra vez del líder para determinar qué deben hacer. Muchos dirigentes se sienten satisfechos con esta situación. Su ego se ve altamente gratificado y esa dependencia que las personas tienen les genera sentimientos de importancia y satisfacción; el precio que se paga por ello es muy alto en términos del subdesarrollo y falta de empoderamiento de sus seguidores.

Si como mentor le indicas a un joven qué desea el Señor para una circunstancia determinada de su vida es muy probable que la próxima vez que enfrente una situación vuelva a ti en busca de orientación. De este modo generas una dinámica de dependencia y de no empoderamiento. Ahora bien, si le enseñas a discernir la voz de Dios para su vida, le estás enseñando una habilidad, una competencia que podrá aplicar en muchas y variadas circunstancias; en definitiva, estás generando empoderamiento.

Sin duda recuerdas la historia del llamamiento de Samuel que aparece descrito en su primer libro en el capítulo 3. Creo que en ese relato puedes identificar algunos principios –no métodos- que pueden serte de ayuda en el proceso que he estado describiendo.

1. Dios habla a todos sus seguidores. El Señor habló a Samuel que en aquellos momentos era, con toda probabilidad, un adolescente.

2. En ocasiones puede ser difícil reconocer la voz de Dios. Samuel nunca la había oído y pensó que era Elí, su maestro, quien le llamaba.

3. Necesitamos que otros nos dirijan hacia la voz del Señor. Ese fue el trabajo de Elí. Tuvo suficiente sabiduría para saber apuntar hacia Dios y ayudar a Samuel a reconocer su voz.

Este es el trabajo del mentor, ayudar al joven a reconocer la voz de Dios en su vida. Piensa en ti mismo, te dará mucha perspectiva y comprensión de lo que hablo. En tu propia vida hay, de forma constante, muchas voces que te están hablando y eso es aún más cierto cuando tienes que afrontar una circunstancia, realidad, decisión, reto, dilema o problema.

Quiero identificar algunas de ellas. **La voz de la cultura**. Ésta habla con fuerza y se ve amplificada por los medios de comunicación y las redes sociales. En toda situación oyes su voz que te orienta e indica qué es lo correcto e incorrecto, lo oportuno o inoportuno, lo bueno o lo malo, lo conveniente o inconveniente en esa situación específica. Ni que decir tiene que no necesariamente posee la razón, pero vivimos en una sociedad en la que quien grita más alto es quien mejor se deja oír. **La voz de la familia.** Ésta puede hablar de forma directa, por medio de la opinión de los padres, o de forma indirecta, a través de los valores y tradiciones que cada familia ha desarrollado y que forman parte del acerbo que el joven lleva consigo. **La voz de la iglesia.** Me sabe mal decirlo pero, con demasiada frecuencia, esta voz y la de Dios van en direcciones opuestas. Nuestras comunidades han desarrollado tradiciones, normas y costumbres que, como pasaba en los tiempos de Israel, han llegado a convertirse en ley sin que necesariamente tengan un fundamento bíblico. Sin embargo, están ahí, gritando a la vida del joven; puedo asegurarte que lo hacen con gran potencia. **La voz del pecado.** Engañoso, dice la Escritura, es el corazón del ser humano (Jeremías 17:9); puede darnos consejos que están basados en nuestro propio interés, mediatizados por nuestros propios deseos, influidos por aquello que queremos llevar a cabo o dejar de hacer. Con razón dice el libro de Proverbios que nos fiemos del Señor y no de nuestra propia sabiduría (3:5).

Ponte en perspectiva. En una determinada circunstancia de la vida de un joven nos encontramos con una doble realidad. Primero, hay muchas voces con gran potencia gritando acerca de qué hacer o dejar de hacer. Segundo, ese joven no ha sido capacitado para distinguir la voz del Señor en medio de tanto ruido, de tanta contaminación acústica.

Aquí entra en juego el trabajo del mentor. Un trabajo orientado a darle prioridad y nitidez a la voz del Maestro en medio del ruido que nuestra sociedad genera. La voz del Señor, no mi voz.

Estoy de acuerdo en que, en contadas ocasiones, Dios puede hablar a través del mentor. Si lo pudo hacer a través del burro de Balaán, no debería haber problema para que lo haga por medio de un mentor. Esto, sin embargo, debería ser la excepción y no la regla. Buscamos empoderamiento, no dependencia.

¿Cómo se hace eso en la práctica? No hay una forma única pero sí recomendaciones. En algunas ocasiones deberemos invitar al joven a que vaya a las Escrituras, lea reposadamente y después escuche lo que Dios le dice a su corazón a través del pasaje o como resultado del mismo. El mentor puede sugerir porciones de las Escrituras que piense que están relacionados con la situación del joven. Ambos pueden conversar acerca de las impresiones que el Señor ha puesto en su corazón como resultado de ese proceso.

En otras ocasiones el mentor puede preguntar gentilmente al joven **la opinión del Señor al respecto.** He comprobado en muchas ocasiones que esta pregunta es muy potente y tiene una gran capacidad para generar reflexión en la vida de los jóvenes. El simple hecho de preguntar acerca de la opinión del Señor hace que su voz se amplifique y el joven la pueda cribar entre las muchas voces y ruido que la situación que vive genera.

Ciertas circunstancias **invitarán a un tiempo reposado de reflexión.** La palabra reflexión, de la que ya he hablado, significa inclinarse hacia atrás para ganar distancia y perspectiva sobre las cosas. Hay situaciones y circunstancias que debido a su calado e importancia merecen una reflexión en la que sea posible oír la voz del Señor. El entorno cotidiano en el que el joven se desenvuelve puede generar demasiada contaminación acústica como para hacer posible discernir la voz de Jesús. El mentor hará bien en invitar a la persona a decidir cuándo, cómo y dónde puede tener un tiempo en el que sea posible para ella estar a solas con el Señor. También puede sugerir porciones de las Escrituras que ayuden en esa búsqueda de discernimiento. El proceso de desconectar las voces que hablan a la vida para escuchar la de Dios lleva tiempo y puede requerir apartarse para encontrarlo. Después de ese tiempo el mentor y la persona pueden encontrarse y compartir las impresiones que ese espacio con el Señor haya podido generar.

La indicación del mentor. En efecto, hay ocasiones en que puedes y debes dar una indicación a la persona a la que estás acompañando espiritualmente. Es posible que tú veas y disciernas con claridad lo que el Señor está diciendo en esa situación y sientas que debes compartirlo. Permíteme darte unas indicaciones de precaución. Primera, eso debe ser la excepción y no la regla. No deseas crear dependencia sino madurez. Segunda, habla con humildad, no confundas tu voz con la de Dios. Es aquello que sientes y crees, pero no eres infalible. Verbalízalo usando expresiones del tipo "siento de parte del Señor", "creo que la Escritura afirma", "mi experiencia de caminar con Jesús me indica". Tercera y última, pide a la persona que confirme con el Señor y/o las Escrituras aquello que le has dicho o sugerido. De nuevo, es el Señor quien tiene que respaldar tu consejo u orientación.

Quiero finalizar este punto recordándote una vez más que aquello que deseamos es generar en los jóvenes la competencia, la habilidad de escuchar la voz de Dios en sus vidas. Tienen derecho a ello, les ha sido prometido, tienen el potencial latente para que sea una realidad en ellos; sin embargo, como todas las habilidades y competencias, se ha desarrollar por medio de la buena praxis. No podrás ayudar a otros a escuchar la voz de Dios si tú mismo no has desarrollado en ti esa misma competencia. De no hacerlo serás un ciego guiando a otros ciegos y, tal y como indica el evangelio, es una situación muy peligrosa porque te harás daño a ti mismo y a otros (Lucas 6:39).

Por eso quiero pedirte que te tomes ahora un tiempo para poder reflexionar acerca de cómo disciernes en tu propia vida la voz de Dios. Recuerda, si no sabes hacerlo no podrás ayudar a otros en el proceso de oír al Señor hablando a sus propias vidas. Por favor, piensa tranquilamente sobre las preguntas que vas a encontrar a continuación. Como verás, he provisto un espacio para que puedas responderlas. Te animo a hacerlo. Todo lo que se escribe nos exige mayor reflexión y, además, queda registrado para poder ser revisitado.

¿Has escuchado la voz de Dios en el pasado hablándote sobre una situación o circunstancia específica? En caso afirmativo, ¿cómo fue, en qué contexto, qué te ayudó a distinguir su voz, que obstáculos encontraste y qué te ayudó a superarlos?

¿Qué haces, cómo procedes cuando precisas discernir la voz del Señor para tu vida? ¿Qué te ayuda en ese proceso?

¿Qué contaminación acústica –otras voces- suelen hablarte y tratan de eclipsar la voz del Señor?

¿Cómo el uso de las Escrituras te ayuda o te podría ayudar en escuchar y discernir la voz de Jesús?

¿Cuán hábil eres escuchando la voz del Espíritu Santo hablando a tu corazón? ¿Qué puedes hacer para desarrollar esa competencia?

¿Qué podrías practicar –que tal vez no lo has hecho porque no forma parte de tu cultura denominacional- para ser más competente en discernir la voz del Señor?

Si tu deseo es acompañar espiritualmente a otros y ejercer como mentor no puedes permitirte el lujo de no practicar el discernimiento espiritual en tu propia vida. No estoy hablando que seas un "maestro Yoda", estoy enfatizando que ese hábito debe estar incorporado en tu caminar con Jesús y debes estar en el proceso de día a día mejorarlo y perfeccionarlo.

ESPERA LA TRANSFORMACIÓN

Necesito compartir contigo una de las lecciones más importantes que he aprendido en mi larga vida de acompañar espiritualmente a personas. El Señor es el único que puede cambiar las vidas de las personas. Cualquier cambio permanente, duradero en la vida de los jóvenes sólo puede provenir del trabajo sobrenatural del Espíritu de Dios en ellos. Tu responsabilidad, como nos enseña el camino de Emaús, es acompañarlos, ser un referente, un modelo, animarlos y estimularlos a que sean como Jesús y, además, agentes de restauración y reconciliación y relacionar la Palabra del Señor con su proceso vital. La responsabilidad de Dios es generar el cambio, porque como dice el apóstol escribiendo a los corintios, el crecimiento lo da Dios. Aprende a distinguir cuál es tu responsabilidad –acompañar- y cuál es la del Señor –transformar-. No trates de hacer lo que no te corresponde –cambiar la vida de los jóvenes- porque, a causa de ello, serás negligente en lo que está a tu alcance –acompañar-.

El capítulo ha llegado a su fin. Reflexiona sobre el mismo, inclínate hacia atrás para que generes distancia y aumentes tu perspectiva de lo que has leído (recuerda que ese es el significado de la palabra reflexión) ¿Cuáles han sido las tres cosas más significativas que has leído? Por favor, anótalas en el espacio aquí provisto.

1. ______________________________

____

2. ______________________________

____

3. ______________________________

____

Gracias por tomarte el tiempo. Ahora una cosa más. La reflexión siempre nos ha de llevar a la acción. ¿Qué vas a hacer, qué paso práctico vas a llevar a cabo –por pequeño que sea- como consecuencia de tu reflexión? ¿Cuándo (lo más específico que te sea posible) lo vas a realizar? Por favor, de nuevo anota ambas cosas en el espacio provisto.

____

____

____

____

____

____

____

Capítulo 6

BERNABÉ un ejemplo de mentor

Entonces Bernabé
tomó a Pablo consigo.

Lucas

Bernabé es uno de mis personajes favoritos. En comparación con otros gigantes del Nuevo Testamento no es uno de los más espectaculares y llamativos. Su paso por las Escrituras es más bien efímero. Aparece por primera vez en el capítulo 4 del libro de los Hechos y desaparece a partir del capítulo 15 después de una fuerte discusión con Pablo.

Me llama la atención su nombre, Bernabé, que significa «aquel que trae consuelo». La versión NVI de la Biblia lo traduce «aquel que anima». Es interesante porque el nombre nunca era algo casual para un judío –recuerda el nombre Jesús- sino que trataba de ser una expresión de aquello que la persona era. No hay duda de que Bernabé, como podemos ver en Hechos, era una persona enfocada en bendecir a los demás y, más concretamente, en sacar a la superficie todo el potencial que había en ellos, en ser un mentor, en acompañarlos espiritualmente. En el relato bíblico sólo vemos su influencia sobre dos personas, Pablo y Juan Marcos, sin embargo, no me parece una osadía pensar que debió repetir ese proceso con muchas otras personas a lo largo de su ministerio.

PABLO

El capítulo 9 del libro de Hechos nos narra el encuentro dramático de Pablo con Jesús cuando iba de camino hacia la ciudad de Damasco con la intención de perseguir a los cristianos de aquella localidad. Tras su conversión, el que posteriormente sería un gran apóstol, comenzó a explicar su experiencia en aquella ciudad; pero como nos indica el texto, se urdió un complot contra él por parte de la población judía de Damasco. Los discípulos lo salvaron y lo enviaron a Jerusalén donde pensaron que estaría a salvo.

Una vez en la capital Pablo hizo lo que le parecía lo más normal del mundo, tratar de unirse a los seguidores de Jesús en la ciudad. Pero éstos tenían miedo del antiguo perseguidor, lo miraban con recelo y, tal y como dice el texto, desconfiaban que su conversión hubiera sido sincera. Pablo, por expresarlo con otras palabras, fue puesto en cuarentena. Es en este punto donde interviene Bernabé y, por decirlo de alguna manera, utiliza su prestigio y credibilidad para apoyar a Pablo e introducirlo, no ya en la comunión de los creyentes, sino como podemos leer en Hechos ante los mismísimos apóstoles. Bernabé avala a Pablo, le abre las puertas, facilita su aceptación. Si continuas leyendo en el capítulo 9 del libro escrito por Lucas verás que, desde ese momento, Pablo andaba libremente por la ciudad con los apóstoles y, lo que es más importante, comienza a desarrollar un ministerio entre los judíos de habla griega. Las polémicas que esto desató hicieron recomendable que fuera enviado a Cesarea, en la costa, y posteriormente a Tarso, su ciudad natal, donde pasó varios años en total anonimato. John B. Polhill, en su comentario «Acts» (Hechos), que forma parte del «The New American Commentary» (Nuevo Comentario Americano), indica que fueron alrededor de diez los años que Pablo estuvo en la zona de Tarso y llama a ese periodo, los años del silencio.

¡Imagínate, durante diez años nadie se acordó de Pablo! Fue Bernabé de nuevo quien le dio una nueva oportunidad de ministerio. Una oportunidad que significó el desarrollo de un trabajo de impacto universal. Déjame ir por partes. Algo muy especial sucedió en la ciudad de Antioquía donde nace la primera comunidad de creyentes totalmente gentil; es decir, que no eran de origen judío sino griego.

Antioquía era la tercera ciudad en importancia de todo el Imperio Romano, después de Roma y Alejandría. Estaba situada a orillas del río Orontes y era la capital de la provincia romana de Siria. El capítulo 11 de Hechos nos indica que, como consecuencia de la persecución desencadenada tras la muerte de Esteban, algunos creyentes procedentes de Palestina llegaron a la ciudad y predicaron el evangelio a la población griega. El texto bíblico indica que el Señor estaba con aquellos discípulos y un buen número de personas abrazaron la fe. Como consecuencia nació la primera iglesia gentil. Cuando los apóstoles en Jerusalén recibieron información sobre este hecho decidieron enviar a Bernabé (¡quién si no!) para consolidar el trabajo que el Señor estaba haciendo allí.

Piensa bien en lo que nos cuenta el libro de Hechos. Bernabé se da cuenta del potencial que tiene aquella congregación y del increíble campo misionero que representan los gentiles y su mente hace una conexión: Pablo. Bernabé se acuerda de aquel abogado, ciudadano romano, buen judío pero de cultura griega, antiguo perseguidor de la iglesia que probablemente está languideciendo en Tarso y se da cuenta de que es la persona ideal y que tiene el perfil y el potencial para hacer un increíble ministerio entre los griegos gracias a su trasfondo y formación ¡Y se va a Tarso a buscarlo! Bernabé rescata a Pablo del ostracismo en el que estuvo durante diez años y le da una oportunidad nueva de ministerio. En el texto bíblico puedes leer; «lo llevó a Antioquía, donde permanecieron juntos un año entero con la iglesia, dedicados a enseñar a mucha gente» (Hechos 11:26).

A partir de ese momento Bernabé y Pablo formarán un tándem ministerial. La tendencia es darle más protagonismo al segundo que al primero. Sin embargo, en estos momentos de la historia Bernabé es, sin ninguna duda, el mentor y Pablo el aprendiz. Fruto de este trabajo ministerial fue la misión que la iglesia de Antioquía les encomendó -consistente en llevar ayuda económica para las necesidades de los seguidores de Jesús en Jerusalén (10:27-30)-, el primer viaje misionero de ambos (capítulos 13 y 14) y su participación en el concilio de Jerusalén (narrado en el capítulo 15), donde se tomó la histórica decisión de permitir una expresión no judía de la fe cristiana. La ruptura entre maestro y discípulo se dio en los preparativos del segundo viaje misionero. Ambos discutieron sobre la conveniencia de que Juan Marcos les acompañara. Pablo se oponía con el argumento de que éste les había abandonado en Panfilia durante el primer viaje de misión. El desacuerdo fue tan grande, nos indica el texto, que se separaron y desde entonces sus ministerios tomaron rumbos diferentes.

JUAN MARCOS

Bernabé decidió darle una nueva oportunidad de ministerio a Juan Marcos y se lo llevó consigo a Chipre. Juan Marcos era primo de Bernabé y éste se lo trajo consigo de Jerusalén después de que entregó allí la ofrenda destinada a las necesidades de los santos de la ciudad. Sabemos que acompañó a su primo y a Pablo en el primer viaje misionero de ambos pero, por razones que desconocemos, tuvo que dejarlos (13:13).

¿Qué motivó este abandono de Juan Marcos? Todo es especulación al respecto. Pero quiero compartirte algo que puede ayudar a explicar la reacción de Pablo. Hay dos versiones manuscritas del libro de los Hechos, la versión occidental y la alejandrina. Pues bien, la versión occidental es más severa cuando describe la partida de Juan Marcos y más o menos dice lo siguiente: «Marcos los abandonó y no los acompañó en el trabajo para el cual habían sido enviados». El texto parece insinuar que Juan Marcos no fue fiel a la comisión que había recibido de la iglesia, no había estado a la altura, no había sido fiel al llamamiento. Esto podría explicar la cerrada negativa de Pablo a permitir que les acompañara en el segundo viaje. ¡No había dado la talla, no era digno de esa misión! Tan tajante fue el apóstol que no hubo acuerdo posible y una colaboración ministerial de años se rompió y ambos tomaron rumbos y orientaciones diferentes. Bernabé marchó con Juan Marcos y desaparece ya de la historia de Hechos que se centra desde este momento en Pablo.

Como lo fue para Pablo también para Juan Marcos, Bernabé fue un mentor y decidió acompañarlo en su proceso espiritual. Es probable que su primo fallara y no estuviera a la altura de lo que se esperaba de él ministerialmente hablando. Tal vez no era lo suficientemente maduro para responsabilidades de aquel tipo. Sin embargo, Bernabé vio el potencial que aquel joven tenía y lleno de gracia pensó que merecía una segunda oportunidad; algo que Pablo le negaba tajantemente. Bernabé pensó que la gracia y el acompañamiento pueden revertir la vida de las personas y las segundas e incluso terceras oportunidades son necesarias.

Bernabé vio en Juan Marcos el mismo potencial que había visto anteriormente en Pablo y decidió apostar por él contra todo pronóstico. Es evidente que el apóstol ya había olvidado los diez años de exilio en Tarso y cómo nadie en la iglesia cristiana –salvo Bernabé- habían visto el potencial ministerial que tenía. Pero Bernabé tenía razón y Pablo no. Juan Marcos, sin duda gracias a esa segunda oportunidad, se convirtió en alguien importante dentro de la iglesia y especialmente en el ministerio entre los gentiles. Además, uno de los que más se benefició de su ministerio fue el mismo Pablo, que lo menciona como una extraordinaria ayuda en varias de sus cartas (Colosenses 4:10; Filemón 24). Escribiendo a Timoteo dice estas sorprendentes palabras: «Trae a Marcos cuando vengas, porque me ayudará en mi ministerio» (2 Timoteo 4:11).

Pero no fue el único, también Pedro se benefició del ministerio de Marcos. Según la tradición cristiana el evangelio de Marcos fue escrito por éste bajo dictado del apóstol Pedro, quien lo denomina «su hijo», evidencia de los fuertes lazos que unían a ambas personas (1 Pedro 5:13). En resumidas cuentas, podemos estar agradecidos al trabajo de Bernabé como mentor. Gracias a él tenemos a dos personas que han dejado un legado en nuestras Biblias y produjeron un impacto en la vida de muchas personas.

QUÉ APRENDO DE BERNABÉ, EL MENTOR

La Biblia sólo nos habla del impacto de aquel hombre sobre la vida de Pablo y Juan Marcos pero es legítimo preguntarse, ¿cuántas personas más fueron bendecidas por el trabajo de acompañamiento espiritual que llevó a cabo? No lo sé, pero puedo asumir que muchas más.

Al observar su trabajo en la vida de Pablo y Juan Marcos puedo distinguir algunas características en la vida de Bernabé que deberían adornar la vida de todo mentor.

1. **Alguien que veía el potencial de las personas.**

   La iglesia de Jerusalén sintió hacia Pablo miedo y desconfianza; Bernabé vio alguien que había tenido un encuentro con Dios. Posteriormente, cuando el ministerio entre los gentiles comienza, es nuevamente Bernabé quien percibe todo el potencial que el apóstol tendría para una empresa de aquel tipo. Pablo consideró que Juan Marcos no tenía la suficiente madurez y carácter para el ministerio, sólo notaba lo evidente a sus ojos en aquellos momentos. Bernabé percibió a un joven con capacidad, dones y talentos que necesitaba más tiempo. De todos es sabido que Jesús no escogió a sus discípulos por lo que eran; más bien por aquello que podían llegar a ser si alguien los acompañaba espiritualmente. Incluso en tu experiencia y la mía sabemos que no hemos sido escogidos debido a, sino a pesar de.

   El mentor tiene el discernimiento de parte de Dios para ver en el joven más allá de lo evidente. Ver el potencial oculto, latente y que puede desarrollarse y multiplicarse para el Reino si alguien invierte en la vida de esa persona. Mi larga trayectoria de acompañar a personas me ha enseñado que, con mucha frecuencia, la persona no comienza a creer en sí misma y su potencial hasta que alguien –el mentor- cree en ella.

2. **Alguien que estaba dispuesto a dar la cara por las personas.**

Bernabé tomó el riesgo de avalar a Pablo en dos ocasiones como ya has visto al rememorar la historia. Sabemos que muchas personas desconfiaban en Jerusalén del antiguo perseguidor; sólo la bien ganada credibilidad de Bernabé pudo superar las naturales resistencias. Algo similar debió suceder en Antioquía. Allí nadie conocía al tal Pablo; éste llevaba diez años fuera de juego y en los márgenes de la naciente comunidad cristiana. Puedo imaginar las reservas o incredulidad de una parte de los seguidores de Jesús en aquella ciudad cuando Bernabé anunció que aquel hombre desconocido sería uno de los líderes. Nuevamente estoy convencido que fue su credibilidad y trayectoria la que hizo que se eliminaran las naturales reticencias.

Bernabé decidió dar la cara por Juan Marcos hasta el punto de enfrentarse con Pablo y romper su alianza misionera. Honestamente, pienso que su actitud respondía más a su reconocimiento del potencial futuro de Juan Marcos que a su relación familiar.

Es un riesgo que el mentor está dispuesto a correr: invertir en la vida de personas que otros ya han descalificado por diferentes razones. Es un riesgo porque vinculas tu credibilidad y reputación a la de esos jóvenes. El evangelio nos muestra cómo Jesús vio ambas cosas perjudicadas por su asociación con personas que, a los ojos de la gente espiritual de su tiempo, eran percibidas como notorios pecadores.

3. **Bernabé estaba dispuesto a dar segundas oportunidades.**

Lo hizo con Juan Marcos y, aunque sea especular, me pregunto: ¿qué hubiera sido de aquel muchacho si no hubiera tenido una segunda oportunidad de parte de Bernabé? Pablo ya lo había clasificado como «no apto», tal vez incluso como «no digno para el ministerio». Falló una vez y, por tanto, quedaba descalificado ¡de por vida! Afortunadamente Bernabé tenía un acercamiento diferente a la relación con las personas y tenía la capacidad de ver más allá del fallo y el error. Como ya viste, Pablo y Pedro se beneficiaron ampliamente de alguien que recibió una segunda oportunidad.

Muchas veces, al trabajar con jóvenes he sentido de parte del Señor que debería darles a ellos, como mínimo, tantas oportunidades como yo recibía de Él. Pienso que un mentor debe estar lleno de gracia; viviendo y experimentando la gracia del Padre en su propia vida. De gracia recibimos y de gracia debemos dar, tal y como nos enseña la Escritura. Sólo aquel que ha experimentado y sigue experimentando la gracia puede otorgarla a otros.

Permíteme otra incursión en mi propia experiencia personal. Cuando tenía 18 años apliqué para trabajar en la agencia misionera donde todavía desarrollo una parte de mi ministerio. En aquella época los candidatos debíamos someternos a ciertas pruebas psicológicas. El equipo de psicólogos que me entrevistó y me hizo realizar una batería de pruebas emitió un informe desaconsejando mi admisión en la misión. Según los resultados que obtuvieron yo tenía un nivel intelectual bajo y nunca haría cosas significativas. (Supongo que haber acabado la universidad con un promedio de 4,5 sobre 5, haber obtenido dos maestrías, haber escrito más de 30 libros, ser docente universitario y haber viajado por todo el mundo capacitando y desarrollando líderes, de alguna manera, desmienten aquella profecía).

El punto que quería enfatizar es que Josep Monells, de quien ya he hablado anteriormente, que en aquella época era el director nacional de la misión, decidió hacer caso omiso de la recomendación de la misión y me admitió en la misma contra todo pronóstico y consejo. Pienso que Josep supo ver el potencial y apostó por mí cuando nadie en mi entorno lo hacía. En este sentido Josep fue un buen seguidor de los principios aplicados por Bernabé.

LAS CUALIDADES DEL MENTOR

Keith Anderson y Randy Reese en su ya mencionado libro «Spiritual mentoring, a guide for seeking and giving direction» (Mentoreo espiritual, una guía para buscar y dar dirección), describen las que ellos entienden deberían ser algunas de las competencias y cualidades de los mentores espirituales. He seguido su lista y me he permitido la libertad de explicar, en mis propias palabras, cada una de ellas. El resultado final es el que podrás leer a continuación.

1. Alguien que es un modelo digno de imitación.

   Está claramente en línea con la enseñanza de la Escritura. Pablo escribió a los corintios pidiéndoles que fueran imitadores suyos del mismo modo que él lo era de Cristo (1 Corintios 11:1).

2. Alguien con una vida de santidad, madurez espiritual, conocimiento bíblico y sabiduría.

   Me atrevería a afirmar que a estas cualidades aquí mencionadas no debemos buscarlas en nuestras vidas en un estado final, antes bien en un proceso dinámico. Pablo escribiendo a los filipenses afirma no haberlo alcanzado ya; sin embargo, olvida lo pasado y prosigue hacia delante. Entiendo que si de una manera voluntaria, proactiva e intencional no estamos trabajando esto en nuestras vidas será en vano nuestro deseo de acompañar espiritualmente a otros.

3. Alguien que practica una vida de disciplinas espirituales, incluyendo la oración.

   Las disciplinas espirituales son los canales a través de los cuales articulamos nuestro seguimiento de Jesús. Son aquellas prácticas que nos ayudan a ser el tipo de persona que Jesús desea que seamos. Estas prácticas pueden incluir, entre otras, el ayuno, la oración, la lectura reflexiva de la Palabra, el retiro personal, el silencio y muchas otras que han formado y forman parte de la tradición cristiana. Nuevamente, estamos hablando de que no podemos guiar a otros por un camino que previamente no hemos transitado nosotros mismos.

4. Alguien con la difícil competencia de escuchar a otros de forma activa y reflexiva.

   Ya lo afirma la Escritura por medio de Santiago (1:19): debemos tener una predisposición para hablar poco y escuchar mucho. Pero esa escucha ha de ser de calidad, intentando entender lo que se nos dice y también aquello que no se nos está diciendo.

5. Alguien con el don de reconocer el potencial de otros.

   Ya vimos que Bernabé tenía esa capacidad de ver en otros el potencial latente que no era evidente para los demás; de ver más allá de lo evidente, de no juzgar o valorar a las personas por lo que son, sino más bien por lo que pueden llegar a ser con la intervención de Dios en sus vidas.

6. Alguien con el don del discernimiento espiritual de lo que Dios ya está haciendo en el momento presente.

   Creemos que, tal y como afirmó Jesús, Dios Padre siempre está trabajando en la vida de las personas (Juan 5:17). El mentor debe tener esa capacidad de discernir qué está haciendo el Señor en la vida de aquellos que acompaña espiritualmente y cómo unirse a ese trabajo ya presente.

7. Alguien que tiene la capacidad de generar una atmósfera de confianza, aceptación y espacio para el joven.

   Creo que el acompañamiento espiritual es una flor delicada que precisa el entorno correcto para poderse desarrollar. El mentor, por medio de su vida y actitudes, cultiva ese espacio sagrado lleno de gracia, amor y aceptación incondicional en el cual el acompañamiento es posible, puede darse.

8. Alguien con experiencia vital.

   Entiendo que para poder acompañar a otros espiritualmente y ejercer como mentor es preciso tener una cierta experiencia de vida. Será por medio de la misma que habremos tenido la oportunidad de experimentar al Señor, escuchar su voluntad y relacionarlo con nuestro proyecto vital. Este aspecto es fantástico porque hay una gran cantidad de adultos en nuestras iglesias que pueden ejercer como mentores acompañando a las nuevas generaciones. Hemos de acabar con el mito de que únicamente los jóvenes pueden trabajar con jóvenes. Recuerda que los muchachos y muchachas anhelan tener adultos significativos en sus vidas; lamentablemente no hay muchos disponibles para ellos.

9. Alguien que puede crear un espacio de gracia y rendición de cuentas.

   La rendición de cuentas es una de las herramientas más poderosas para ayudarnos en nuestro seguimiento del Maestro. Es un regalo que el mentor puede ofrecer al joven. Sin embargo, esta rendición debe hacerse en un contexto de gracia, de aceptación incondicional. Es mi experiencia personal que la una sin la otra no funcionan bien. Rendición de cuentas sin gracia nos lleva al legalismo; gracia sin rendición de cuentas nos lleva a la laxitud.

Quiero pedirte que evalúes cuán desarrolladas están estas características en tu vida. Mi esposa Sara y yo tenemos un lema en nuestra vida: «La realidad es siempre nuestra mejor amiga». ¿Qué significado tiene? Pues que cuando sabemos algo, tenemos conocimiento y conciencia de algo, nos guste o no, siempre podemos tomar acciones al respecto. Nunca podemos actuar sobre aquello que no es desconocido. Por el contrario, por mala que sea la realidad siempre podemos reaccionar y actuar sobre ella. Por eso, la evaluación que te pido no tiene como finalidad desanimarte ni frustrarte. Está pensada para que tengas una visión realista de ti mismo y, en base a ella, puedas decidir qué pasos prácticos puedes dar para crecer.

A continuación encontrarás las nueve características que debería tener un mentor. Puntúate de 0 a 10; siendo 0 nada desarrollada y 10 altamente desarrollada. Evita el 5 si te es posible; es lo que acostumbramos a usar para no tener que pensar o para no sentirnos mal.

Alguien que es un modelo digno de imitación.

0 1 2 3 4 5 6 7 8 9 10

Alguien con una vida de santidad, madurez espiritual, conocimiento bíblico y sabiduría.

0 1 2 3 4 5 6 7 8 9 10

Alguien que practica una vida de disciplinas espirituales, incluyendo la oración.

0 1 2 3 4 5 6 7 8 9 10

Alguien con la difícil competencia de escuchar a otros de forma activa y reflexiva.

0 1 2 3 4 5 6 7 8 9 10

Alguien con el don de reconocer el potencial de otros.

0 1 2 3 4 5 6 7 8 9 10

Alguien con el don del discernimiento espiritual de lo que Dios ya está haciendo en el momento presente.

0 1 2 3 4 5 6 7 8 9 10

Alguien que tiene la capacidad de generar una atmósfera de confianza, aceptación y espacio para el joven.

0 1 2 3 4 5 6 7 8 9 10

Alguien con experiencia vital.

0 1 2 3 4 5 6 7 8 9 10

Alguien que puede crear un espacio de gracia y rendición de cuentas.

0 1 2 3 4 5 6 7 8 9 10

PLANEA CÓMO CRECER

Los resultados de la evaluación no son un juicio sobre quién eres como persona, simplemente son una fotografía más o menos precisa de tu momento actual. Son un punto de partida para que comiences a ser intencional en desarrollarte para poder ser un mejor mentor. Me gustaría, si me lo permites, guiarte en este sentido.

Piensa en las cualidades del mentor en las que tu puntuación ha sido más baja. De ellas, escoge no más de dos y escríbelas en el espacio que te he provisto al efecto.

Ahora piensa: ¿qué dos o tres cosas prácticas puedes hacer para crecer en estas dos áreas? Para que sea útil tiene que ser práctico y para que sea práctico debes asegurarte que respondes a estas preguntas: qué voy a hacer; cómo lo voy a hacer; cuándo lo voy a hacer; qué recursos voy a necesitar; quién puede ayudarme. Si no sigues este patrón –u otro similar con el que te sientas cómodo- lo tuyo no serán metas de desarrollo, se quedarán simplemente en intenciones, deseos, buena voluntad, etc. Aprovecha el espacio provisto para apuntar.

IDEAS DE DESARROLLO

Patricia Hendricks en su libro «Hungry souls, holy companions» (Almas hambrientas, compañeros santos), indica que durante el proceso de escritura de su libro preguntó a muchos jóvenes qué es lo que le pedirían a las personas que ejercieran como mentores de su grupo de edad. Estas fueron algunas de sus respuestas:

- Escúchame, escúchame de forma genuina (esta fue la respuesta mayoritaria).
- Sé auténtico no seas falso.
- Tómame en serio.
- Ven conmigo y percibe a Dios conmigo.
- Quédate a mi lado mientras trato de buscar a Dios.
- No me juzgues.
- No des por sentado que soy igual que el resto de la gente de mi edad.
- No trates de hacerme similar a ti.
- No me des consejos que no reflejan un conocimiento de quién soy.
- Ayúdame a percibir a Dios en mi vida cotidiana.
- Hazme preguntas que me ayuden a reflexionar.
- Dame afirmación.
- Ayúdame a darme cuenta de que mi rabia es contra la iglesia y no contra Dios.
- Ayúdame a entender y procesar temas relacionados con la justicia social.

Después preguntó a personas que ya estaban actuando como mentores cuál sería el consejo que les darían a aquellos que desearan ejercer ese rol. Estas son las respuestas que recoge en su libro:

Lo más importante que les digo a los jóvenes es que son amados por Dios. Que son dignos de ser amados; a menudo lágrimas brotan cuando comienzan a hablar.

Proveo un espacio seguro para que el joven pueda hablar. Si expresa rabia dejo que ésta siga su curso. Dejo que lloren y me mantengo en una silenciosa aceptación de las emociones según vienen.

Sé consciente de algunos de los temas importantes que los jóvenes afrontan -temas de relaciones, fe, carrera profesional e identidad.

No des por sentado que entiendes los temas que afronta un joven en particular. Si es apropiado, haz preguntas. Los jóvenes valoran preguntas que les lleven a la reflexión: ¿Qué frustraciones estás experimentando en tu vida? En estos momentos, ¿qué circunstancia está resultando especialmente difícil para ti? ¿Qué evidencias de santidad hay en estos momentos en tu vida? Cuando observas el mundo a tu alrededor, ¿qué cosas te preocupan?

Diles que está bien vivir con un cierto grado de incerteza

Sé paciente con sus preguntas y paradojas. Resiste la urgencia de dar respuestas.

Toma a los jóvenes en serio. Son muy sensibles al paternalismo y a la falsedad. Sé honesto, genuino y auténtico. La juventud necesita mentores y modelos auténticos. La autenticidad modela un Dios auténtico.

Con los jóvenes de menor edad puede ser apropiado que des a conocer más de ti mismo que con los más mayores. Están buscando un modelo; quieren saber quién eres, qué piensas.

Recuerda cuando tenías 18 ó 27 años. Cuando comencé a acompañar espiritualmente a jóvenes adultos, después de haber pasado años haciéndolo con personas de mediana edad, tuve que hacer ajustes a la hora de hablar acerca de los profesores y los padres que son aún figuras de autoridad en sus vidas. Tuve que ser consciente de cuán importante es el grupo en esta edad y cuánto difiere esa realidad de mi individualismo.

Enfrenta tus propios miedos y prejuicios con respecto a los jóvenes. Ve más allá de su aspecto o vocabulario. Algunos de los jóvenes a los que acompaño espiritualmente y que son más profundos en su forma de pensar llevan múltiples piercings y tatuajes.

Confía en los jóvenes, en lo que dicen y aprenden. No seas rápido a la hora de emitir juicios.

Afirma, afirma, afirma. Los jóvenes florecen con la afirmación honesta.

LO QUE PIENSAN LOS JÓVENES DE HABLA HISPANA

Durante el proceso de escribir el libro, Sara, mi esposa, me animó a preguntar en Facebook cuál sería la mejor aportación que un mentor podría hacer a la vida de un joven (aunque un buen número de adultos también contestó, poniendo así de manifiesto la necesidad que toda persona tiene de esta figura). Recibí en mi muro y en el de Sara un gran número de respuestas súper interesantes. Creo que la pregunta ayudó a muchas personas a pensar sobre la figura del mentor y clarificar sus propias expectativas acerca de lo que puede o debe aportar. Conforme iba leyendo vi que era posible organizarlas en algunas grandes categorías que agrupaban a muchas de esas singulares aportaciones (puedes leer la mayoría de ellas en el apéndice al final del libro). Sé que toda clasificación es arbitraria, sin embargo. y aún a riesgo de simplificar algo tan complejo, aquí van:

a. Creer en mí. Muchas de las respuestas coincidían en afirmar que el mentor debía ser alguien que realmente creyera en la persona, en su potencial, en sus capacidades, en la aportación que esta persona podía llevar a cabo.

b. Ayudarme a ser la mejor versión de mí mismo. Un joven adulto me dijo esto personalmente cuando estaba en mi apartamento en Barcelona. Esta frase capta la esencia de lo que muchos jóvenes respondieron y está muy unida con el punto anterior. Hay un deseo y un anhelo de que alguien, no solamente crea que tienen potencial, sino que además les ayude a desarrollarlo, a ser todo aquello que pueden ser para el Señor y su Reino.

c. Un espacio seguro. Muchísimas de las respuestas iban en esta dirección. Por espacio no me refiero a un lugar físico, sino más bien a una relación. Una relación que estaría caracterizada por la escucha, la ausencia de juicios por parte del mentor, el no rechazo a pesar de la realidad que el joven pueda tener. Un espacio que es definido como de gracia, aceptación y amor incondicional del mentor hacia el joven. Porque esa seguridad es la que permite que el joven pueda ser honesto, transparente y vulnerable; en definitiva, pueda ser real.

d. Rendición de cuentas. Un buen número de respuestas apuntaban hacia la necesidad de que alguien, en ese entorno seguro antes descrito, pudiera confrontarlos y exigirles una rendición de cuentas. Preguntarles por sus compromisos, sus decisiones, sus responsabilidades, su grado de fidelidad al Señor.

e. Ser como Jesús. Evidentemente no podía faltar esta categoría. Porque muchos de los jóvenes desean que el Señor sea formado en sus vidas pero… no siempre saben cómo articular esa realidad en la práctica.

f. Orientación. Muchas respuestas apuntaban hacia esta necesidad vital en la vida de los jóvenes. Se hablaba de ayuda para ser conscientes de los puntos ciegos que toda persona tiene en su vida. Indicaban que el mentor ayudaría generando reflexión acerca de cómo los jóvenes están viviendo. Muchos coincidían en la necesidad de poder discernir cuál es la voluntad del Señor para sus vidas. La confrontación –muy unida a la rendición de cuentas- es algo que se percibe como una aportación que podría hacer el mentor. Finalmente, existe la percepción de que un buen mentor debería proveer una honesta retroalimentación a los jóvenes a los que acompaña espiritualmente.

g. Presencia. Expresado de diferentes formas y maneras muchos han indicado que esperan y necesitan que el mentor simplemente esté ahí, sea presente. Tal vez no podrá aportar consejo, orientación o compartir de su sabiduría en una situación particular dada pero añade valor estando y acompañando. Entre otras cosas porque eso significa invertir tiempo, y el tiempo es una de las comodidades más caras y difíciles de obtener.

h. Modelar. Muchos jóvenes desean, esperan y anhelan tener un modelo y un buen mentor debería serlo para las personas que acompaña espiritualmente. Las respuestas también han añadido aspectos más específicos de ese modelaje. La necesidad de coherencia. No una vida perfecta pero sí coherente entre lo que se afirma y se vive. La experiencia vital del mentor también es apreciada y esperada –lo cual es una buena noticia para los que tenemos ya un buen número de años-. La genuinidad, vulnerabilidad y transparencia del mentor son aspectos que los jóvenes necesitan en un modelo.

En resumen, veo que los jóvenes tienen una clara idea de lo que el mentor debería ser. Siento que estas respuestas indican que es más importante el ser que el hacer cuando uno piensa en la figura de un mentor, de alguien que lo pueda acompañar espiritualmente. Veo que todas las respuestas apuntan hacia una relación y no una actividad. Esto me lleva a reafirmarme, una vez más, que nuestra pastoral está saturada de actividades y anémica de relaciones y, precisamente, esto último es lo que más desean y necesitan nuestros jóvenes.

UNA NOTA ACERCA DE LA EDAD

Ya comenté al principio que es un mito urbano la afirmación de que la gente joven no quiere saber nada de las personas adultas y que éstas harían bien en abstenerse de acercarse a los jóvenes debido a su falta de capacidad para entender y poder ser de ayuda. La brecha generacional es enorme, afirma la sociedad. Inexpertos –que en la práctica equivale a adultos en general-abstenerse. Ya comenté que todo joven valora una relación significativa con un adulto que realmente lo tome en serio.

Después de leer lo que los jóvenes esperan de un mentor creo que la edad no es una desventaja para acompañar espiritualmente, antes bien, en algunos casos puede ser una gran ventaja porque hay toda una experiencia de vida que da perspectiva, que es, precisamente, de lo que carece el joven. Edad y sabiduría no son sinónimos. Hay personas que con el paso del tiempo han acumulado años pero, lamentablemente, no sabiduría. No han reflexionado sobre ellos mismos, Dios, Jesús, la complejidad de la experiencia cristiana, el proceso de ser restaurados por Dios, las contradicciones inherentes al seguimiento del Maestro. Consecuentemente, han envejecido pero no han madurado; éstos están descalificados para ser mentores porque no podrán añadir valor a la vida del joven; nadie puede dar aquello que no posee.

Pero aquellos que han madurado como consecuencia de años de seguimiento del Maestro pueden ser de increíble valor en la vida de los jóvenes y constituyen un bien preciado y valioso para la Iglesia del Señor. Son mentores en potencia que tienen la capacidad y los recursos espirituales y humanos para bendecir a la nueva generación acompañándola espiritualmente. Necesitan, eso sí, ser retados y que se les provea estructura, pautas y recursos para ejercer como mentores. Ciertamente algunos lo harán de forma intuitiva, sin embargo, la mayoría se beneficiará de un modelo que les permita canalizar su potencial para el acompañamiento.

No es la edad lo que te descalifica, es el carácter. No importa cuántos años tengas si eres capaz de tomarte en serio a los jóvenes (como viste que lo hizo Bernabé y ellos esperan), suprimir tus juicios sobre ellos y su conducta y mostrar gracia, aceptación y amor incondicional.

Nuestras comunidades están llenas de hombres y mujeres maduros espiritualmente que debido a su edad no están en condiciones de involucrarse en las actividades que típicamente involucran a los jóvenes. Sin embargo, sí que pueden invertir tiempo en ser mentores de las nuevas generaciones, sí que pueden generar esos espacios seguros en los que la fe de los jóvenes pueda florecer. Es todo un reto para los líderes entender y saber movilizar todos esos recursos para bendecir a los jóvenes y extender el Reino.

Has terminado un nuevo capítulo. Como en los anteriores, reflexiona sobre el mismo, inclínate hacia atrás para que generes distancia y aumentes tu perspectiva de lo que has leído (recuerda que ese es el significado de la palabra reflexión). ¿Cuáles han sido las tres cosas más significativas que has leído? Por favor, anótalas en el espacio aquí provisto.

1. ______________________________

____

2. ______________________________

____

3. ______________________________

____

Gracias por tomarte el tiempo. Ahora una cosa más. La reflexión siempre nos ha de llevar a la acción. ¿Qué vas a hacer, qué paso práctico vas a llevar a cabo –por pequeño que sea- como consecuencia de tu reflexión? ¿Cuándo (lo más específico que te sea posible) lo vas a realizar? Por favor, de nuevo anota ambas cosas en el espacio provisto.

____

____

____

____

____

____

____

El Encuentro

Capítulo 7

Quien con sabios anda
a pensar aprende;
quien con tontos se junta
acaba en la ruina.

Proverbios

EL ENCUENTRO

Luciano es un médico oncólogo de 52 años de edad, está casado con Daniela, profesora de secundaria, con quien tiene dos hijos, Gerardo 26 y Lucía 24. Ambos tienen carreras profesionales incipientes y no requieren tanta atención de Luciano y Daniela como en tiempos pasados. Por esta razón, el matrimonio decidió hace unos meses colaborar con el programa de acompañamiento espiritual que su iglesia local tiene en marcha desde hace varios años.

Luciano es el mentor de Walter, un muchacho sin trasfondo evangélico que decidió seguir a Jesús hace un par de años. Con una frecuencia de cada dos o tres semanas se reúnen para concretizar en el tiempo y el espacio ese acompañamiento que Luciano provee. Lo que reproduzco a continuación es cómo se podría desarrollar un encuentro entre ambos, evidentemente todo es pura ficción, pero puede ayudarte a ver en la práctica cómo llevar a cabo el acompañamiento espiritual, el trabajo del mentor.

EN CASA DE LUCIANO ANTES DEL ENCUENTRO.

Daniela: ¿Qué plan tienes hoy, amor?

Luciano: Voy a desayunar con Walter, tenemos nuestro encuentro quincenal; después marcho para el hospital, tengo solamente visitas y comienzo más tarde que los días que tengo cirugías.

Daniela: ¿Pudiste prepararte bien para el encuentro con Walter?

Luciano: Como siempre, mi amor. He tenido un buen tiempo de oración con el Señor pidiéndole discernimiento y sabiduría para escuchar su voz y poder ser de bendición para Walter.

Daniela: (Riendo). ¿Le pediste también al Señor que te ayude a escuchar a Walter? Últimamente hablas más que una cotorra; déjale espacio para hablar y escucha.

Luciano: (Pretendiendo estar enfadado). Sí, santa Daniela, ya sé que la gente necesita ser escuchada y no tanto oír mis sabios consejos. Pero reconocerás conmigo que cuando alguien tiene tanta sabiduría acumulada como yo es difícil refrenarse de bendecir a otros.

Daniela: (Con ironía). ¡Qué haría la humanidad sin ti! ¿Cuál es el tema que se llevan hoy entre manos?

Luciano: Sabes que el contenido de mis encuentros con él son confidenciales y no puedo comentarte nada específico; pero ahí anda el muchacho confuso acerca de qué trabajo debe escoger. Recuerda que el domingo pasado en la reunión de estudio bíblico lo compartió como motivo de oración.

Daniela: Sí, es una decisión difícil saber dónde vas a invertir ocho o nueve horas diarias de tu vida durante los próximos años. Deseo que el Señor te guíe y puedas serle de bendición. Yo tengo un día bastante pesado. Tenemos reunión de claustro para preparar los presupuestos del próximo año, ¿no quieres ir en mi lugar, amor?

Luciano: (Con fingida tristeza). Me encantaría pero, como dice la Escritura, "muchos son llamados y pocos escogidos", y yo no estoy entre ellos.

Daniela: (Riendo). También dice la Biblia, "Generación de víboras, ¿quién os enseñó a huir de la ira venidera?" En fin, "¡vete y no peques más!".

EL ENCUENTRO EN EL STARBUCKS DEL CENTRO COMERCIAL LOMA VERDE

CONECTANDO

Luciano: Hola Walter, ¿cómo estás desde la última vez que nos vimos?

Walter: (Sonriendo). Todo bien mentor, a sus órdenes.

Luciano: (Sonriendo). Bueno, si tú me llamas mentor, seguiremos con la mitología griega y te llamaré Telémaco, ¿te parece?

Walter: (Con un falsa actitud defensiva). ¡Para nada! ¿Usted cree que encontraría novia si me llamara Telémaco? Suena a compañía de telefonía celular. Puedo imaginar el comercial: Telémaco, minutos y descargas sin límites, regístrese hoy. Pero, bromas aparte, estoy bien Luciano, ha sido un buen tiempo desde que nos vimos.

Luciano: Me alegro Walter. Para mí ha sido un tiempo más complicado. He tenido algunos pacientes que han sufrido problemas serios y he precisado hacer varias visitas extras al hospital; por eso me ha costado mantener mi ritmo de comunión con el Señor.

Walter: Lo siento boss, ¿está mejor la cosa? ¿Es algo por lo que le gustaría que orara?

Luciano: Te lo agradecería de verás. Están mejor las cosas, sin embargo, como ya te he compartido en alguna ocasión, ese es mi punto de tensión constante.

INVITANDO A JESÚS A UNIRSE A LA CONVERSACIÓN

Luciano: Tenía muchas ganas de verte, ¿qué te parece si invitamos a Jesús a unirse a nuestra conversación y nos permite escuchar su voz a través del Espíritu Santo?

Walter: (Asiente).

Luciano: Jesús gracias por estar con nosotros en este momento. No te vemos físicamente pero reconocemos tu presencia espiritual a nuestro lado. Respetuosamente te invitamos a participar de esta conversación. Jesús, tanto Walter como yo mismo queremos ser sensibles a tu voz, a tu consejo en las cosas que hablaremos. Jesús, nos prometiste que tendríamos la capacidad de escuchar e identificar tu voz y, por eso, lo reclamamos como nuestro derecho. Jesús, prometiste que tu Espíritu, quien vive en nosotros, nos guiaría a toda verdad y nos enseñaría todas las cosas. En esa confianza oramos. Amén.

IDENTIFICANDO LA INTERVENCIÓN DEL SEÑOR EN LA VIDA DE WALTER

Luciano: "Walter ¿de qué modo has experimentado al Señor en tu vida durante las dos semanas pasadas? ¿Qué cosas concretas has visto de su intervención?"

Walter: Bueno, poco a poco he notado que va cambiando mi paradigma con respecto al trabajo. En la última conversación hablamos sobre el tema de mi vocación [mi trabajo] como mi misión. Me recomendaste que desarrollara el hábito de orar por mis compañeros de trabajo de camino a la oficina; de pedirle al Señor que me diera sensibilidad para unirme a Él en aquello que estuviera haciendo o quisiera hacer entre mis compañeros de trabajo, ¡y lo hice! He sido sistemático durante estas tres últimas semanas.

Luciano: ¡Qué bueno Walter! Me produce mucha satisfacción. Felicidades. Y dime, ¿qué has aprendido como resultado de incorporar ese hábito en tu vida?

Walter: No cada día he experimentado lo que te voy a contar; tampoco cada día ha tenido la misma intensidad. Sin embargo, veo que me ha hecho mucho bien ese tiempo de oración. Veo a mis compañeros de manera diferente, estoy más atento a sus necesidades. Es, por decirlo de alguna manera, como si tuviera un radar interior que, a menudo, está rastreando el trabajo del Señor en busca del mismo para unirme a Él. También me he dado cuenta de que cuando tengo la tentación de hacer mi trabajo de cualquier manera, sin excelencia, tan sólo cubriendo el expediente, una voz interior me dice que mi trabajo es un acto de adoración a Dios, una ofrenda que le ofrezco al Señor. Sabes, eso está cambiando la calidad y dedicación de las cosas que hago. Pero como te dije, hay días mejores y peores. Sin embargo, veo que es un hábito que está echando raíces en mi vida y, la verdad, me siento muy contento por ello.

Luciano: ¡Fantástico Walter! Veo que estás poniendo en práctica el significado de ser un agente de restauración y reconciliación en el lugar donde el Señor te ha ubicado.

SEGUIMIENTO DE TEMAS PASADOS

Luciano: La última vez que nos encontramos tomaste la decisión de trabajar más en tu vida el canalizar las emociones destructivas. Recuerdas que mencionaste cómo la rabia, en ocasiones, te llevaba a decir cosas o tener actitudes que dañaban tanto tus relaciones interpersonales como tu testimonio como seguidor de Jesús. ¿Qué progresos has experimentado en este tema?"

Walter: Ha habido claroscuros. En general diría que un 60% de las veces me he acordado de practicar lo que me comentaste y he experimentado –con la ayuda del Señor- un buen control de mis reacciones. Pero he de reconocer que todavía hay un 40% que exploto y después me sabe súper mal haberlo hecho.

Luciano: Quiero felicitarte y reconocer tu progreso ¡Un 60% es un montón, un buen progreso! ¿Qué has hecho después de no haber reaccionado como deseabas en ese 40% restante? ¿Cómo lo has manejado?

Walter: Bueno, siempre pido perdón. La verdad es que no me sabe nada mal hacerlo. Reconozco que me he equivocado y les pido que me perdonen. (Sonriendo). Les digo que estoy en un plan de aprendizaje.

Luciano: Eso te honra un montón. Es cierto que en ocasiones fallamos, pero siempre podemos pedir perdón y tratar de compensar el mal que hemos hecho. ¿Qué crees que podría ayudarte a pasar de ese 60 a un 70 o incluso 90%?

Walter: (Pensativo). ¿Sabes qué, Luciano? He notado que cuando estoy más cansado también estoy más propenso a reaccionar de forma incontrolada. El cansancio me vuelve más intolerante, más vulnerable.

Luciano: Buena percepción. ¿Qué podrías hacer al respecto?

Walter: Hay temas que no debo ni siquiera hablarlos cuando estoy cansado. En aquellos que dependen de mí iniciarlos, simplemente debo dejarlos para otro momento en que mental y físicamente esté mejor. En los que otros inician me doy cuenta de que, en muchos casos, tengo suficiente libertad para decirle a mis compañeros que mejor lo dejamos para otro momento. Esas dos simples cosas pueden ayudarme a subir mi puntuación.

Luciano: ¡Qué buena idea! ¿Algo más que podrías hacer?

Walter: Orar. (Riendo). Sí, ya sé que queda muy espiritual, pero lo digo en serio. Necesito dialogar más con el Señor respecto al tema de mi intolerancia y carencia de flexibilidad a la hora de afrontar ciertas situaciones y relaciones. En esto no he sido muy constante.

Luciano: Amén. ¿Deseas que te pregunte cómo te ha ido la próxima vez que nos veamos? ¿Te ayudaría?

Walter: Claro Luciano. La rendición de cuentas me es de gran ayuda, tú sabes.

DETERMINA EL OBJETIVO O ENFOQUE DEL ENCUENTRO

Luciano: ¿Qué haría que este encuentro fuera significativo para ti? ¿Qué te gustaría llevarte contigo del mismo?

Walter: Como sabes, llevo tiempo pensando hacer una transición laboral; la empresa en la que estoy actualmente ya no me ofrece más posibilidades de seguir creciendo. No se trata tanto de una cuestión económica; la idea no es necesariamente ganar más plata; se trata de que tengo la sensación de que ya no crezco, no hay más espacio para mí, siento que todo es rutinario y no voy a ningún sitio, ¿me explico?

ESCUCHA Y PREGUNTA

Luciano: Con total claridad, sigue por favor.

Walter: Bueno, pues gracias a Dios se han abierto varias opciones de trabajo y estoy hecho un mar de dudas acerca de cuál de ellas escoger. Quiero estar seguro de que mi elección está en línea con la voluntad del Señor; no quiero elegir un trabajo que Él no apruebe y, como dice uno de mis líderes, esté fuera de la perfecta voluntad de Dios para mí vida.

Luciano: ¿Puedes explicarme más esa idea de la perfecta voluntad de Dios para tu vida? Me ayudaría mucho poderlo entender.

Walter: Bueno, siempre he creído, porque así me enseñaron desde que me convertí, que el Señor tiene un plan maravilloso y perfecto para cada uno de sus hijos. Nuestra responsabilidad es discernirlo y tomar las decisiones que acierten con su plan. En resumidas cuentas, yo tengo ahora tres opciones diferentes de trabajo, pero sólo una está en la voluntad perfecta del Señor y, como puedes comprender Luciano, yo no quiero fallar y optar por algo que el Señor no aprueba. Pero, ¿cómo puedo saber cuál de esas tres opciones Él aprueba? Estoy hecho un mar de dudas.

Luciano: Entiendo. ¿Qué te han aconsejado al respecto?

Walter: Pues, a día de hoy, que ore y ayune. Te aseguro que ya lo he hecho pero no he crecido en claridad al respecto; es un poco angustiante.

Luciano: Entiendo. Déjame que te haga una pregunta: ¿dónde en las Escrituras se afirma que delante de tres opciones de trabajo Dios opta por una, y solo una, y es tu responsabilidad discernir cuál es porque si no la embarras?

Walter: (Pensativo durante un buen rato). Pues no sabría decirte ningún pasaje de las Escrituras pero es lo que siempre me han dicho y enseñado; nunca lo he cuestionado. Además, ¿no es bien cierto que Dios tiene un plan para cada uno de nosotros?

Luciano: Lo es. Precisamente respecto a lo que acabas de decir, permíteme que te lea un par de pasajes de las Escrituras.

(Luciano abre su Biblia y lee con Walter).

> *Sabemos que Dios va preparando todo para el bien de los que lo aman, es decir, de los que él ha llamado de acuerdo con su*

plan. Desde el principio, Dios ya sabía a quiénes iba a elegir, y ya había decidido que fueran semejantes a su Hijo, para que éste sea el Hijo mayor. (Romanos 8:28-29 TLA).

Ustedes han sido salvados porque aceptaron el amor de Dios. Ninguno de ustedes se ganó la salvación, sino que Dios se la regaló. La salvación de ustedes no es el resultado de sus propios esfuerzos. Por eso nadie puede sentirse orgulloso. Nosotros somos creación de Dios. Por nuestra unión con Jesucristo, nos creó para que vivamos haciendo el bien, lo cual Dios ya había planeado desde antes. (Efesios 2:8-10 TLA).

Luciano: Walter, ¿qué piensas acerca del plan perfecto y maravilloso de Dios a la luz de estos pasajes? ¿Qué te dice el Espíritu Santo a través de ellos?

Walter: (Pensativo). Veo dos cosas en este pasaje relacionadas con el plan de Dios. La primera es que hemos sido llamados para que Jesús sea formado en nosotros. Eso ya me lo has recordado muchas veces, sea dicho de paso. La otra es que hemos sido llamados también para hacer el bien. ¿Me equivoco si esto tiene relación con lo que también hemos hablado de ser agentes de restauración y reconciliación?

Luciano: ¿Qué crees tú?

Walter: Creo que sí.

Luciano: ¿Qué implicaciones tiene esto con relación al tema que deseabas que habláramos?

Walter: Intuyo pero todavía me cuesta ver con claridad. ¿Qué tienes en mente?

Luciano: Bueno. Que tal vez ese plan maravilloso y perfecto que el Señor tiene para cada creyente no tiene tanto a ver con qué apartamento te compras, qué carro conduces, con quién te casas, qué trabajo tienes, etc. Es posible que, según vemos en las

Escrituras, esté más relacionado con quién desea Dios que seas –semejante a Jesús- y cómo desea que vivas –practicando el bien como estilo de vida-. ¿Qué piensas al respecto? ¿Qué eco hace en tu corazón lo que te digo?

Walter: Tiene mucho sentido lo que dices, sin embargo, sigo sin ver la relación directa con el trabajo que debo tomar. Algo se me escapa.

Luciano: Amigo, podría ser que a Dios no le preocupe qué trabajo tomes. Podría ser que todos –salvo que alguno de ellos esté relacionado con temas de clara inmoralidad o te exija conductas que vayan contra las enseñanzas del Señor- sean buenos y honren al Señor. Lo que tú mismo dijiste antes –que Jesús sea formado y que puedas hacer el bien- podrían ser dos criterios que uses a la hora de decidir por cuál trabajo optar. ¿Me supe explicar con suficiente claridad?

Walter: ¿Quieres decir que use ambas cosas como filtro para decidir qué trabajo es el mejor para mí?

Luciano: Correcto. Si optas por uno o por otro honras por igual a Dios. Sin embargo, desde un punto de vista estratégico podría ser que uno u otro te diera más oportunidades de hacer el bien a través del mismo y formar el carácter de Jesús en tu vida. Mi sugerencia es que uses lo que la Palabra te enseña –nuevamente esos criterios que ya mencionaste tú mismo- para decidir qué te conviene más. ¿Cómo podrías articularlo de forma práctica?

Walter: (Pensando y finalmente respondiendo). Eso cambia toda la perspectiva Luciano. Me abre todo un nuevo universo de posibilidades y me libera de un montón de angustia. He vivido, a menudo, con esa tensión de estar equivocándome a la hora de tomar decisiones, de tratar de imaginar qué esperaba el Señor de mí y no tener siempre claridad contundente al respecto. Ahora, en base a lo que hemos platicado, veo que puedo aplicar criterios claros a la hora de tomar decisiones. Eso, honestamente, me libera.

Luciano: Ayúdame a entender esos criterios.

Walter: "Primero, la moralidad o inmoralidad del trabajo en sí. Segundo, qué tipo de conductas me requerirá. Asegurarme, en la medida de lo posible, que no tendré que violentar mis convicciones como seguidor de Jesús. Tercero, qué posibilidades me da ese trabajo de formar el carácter de Jesús en mí. Cuarto, cómo podré canalizar a través del mismo mi llamado a ser un agente de restauración y reconciliación. Claro que si todos están en igualdad de condiciones escogeré aquel que más paguen. (Sonriendo).

Luciano: ¡Qué bueno! ¿Algún criterio más que podrías tener en cuenta?

Walter: (Pensativo). ¿Horarios? No deseo un trabajo que me absorba todo mi tiempo y no me permita, por ejemplo, tener tiempo para estar involucrado en ministerios de la iglesia.

PLAN DE ACCIÓN

Luciano: ¿Qué pasos prácticos vas a dar como resultado de nuestra conversación?

Walter: Siento que necesito un tiempo a solas con el Señor. Siento la urgencia de procesar con Él todo lo que hemos hablado y tener un diálogo franco sobre mis opciones futuras de trabajo.

Luciano: Suena muy bien. ¿Cuándo sería el mejor tiempo para ti para llevarlo a cabo?

Walter: No quiero dejarlo para muy tarde; sin embargo, para ser realista y asegurarme de que ese tiempo sea de calidad, tendré que esperar hasta el próximo sábado. Tomaré la mañana para caminar en la montaña y hacerlo.

Luciano: ¡Qué bueno! ¿Te sentirías bien si hablamos de ello en nuestra próxima conversación?

Walter: Sí, gracias Luciano. Me sería de gran ayuda poder contrastar contigo. Sé que no me dirás si he escogido bien o mal pero me harás esas preguntas que acostumbras a hacer y que aumentan mi perspectiva.

Luciano: Hagámoslo así pues. ¿Está bien si seguimos con nuestra rutina de vernos cada quince días, necesitas más tiempo?

Walter: Para mí está perfecto.

ORACIÓN

Luciano: ¿Me permites orar por lo que estuvimos platicando? También me gustaría pedirle al Señor que te esté acompañando en este proceso.

Walter: Por favor.

Luciano: Señor, gracias por tu compañía durante esta conversación. Queríamos ser sensibles a tu voz, a tu dirección en todo este proceso. Gracias por la vida de Walter y su deseo de discernir tu voluntad con relación a las posibilidades de trabajo. Gracias por los criterios que tiene y que podrá aplicar al análisis de las diversas opciones. Concédele, Padre, un tiempo muy especial y significativo contigo; que durante el mismo pueda sentir tu voz guiándolo a aplicar esos principios a las posibilidades abiertas delante de él. En Jesús y su nombre pedimos. Amén.

Bueno Walter. Cualquier cosa nos hablamos. Que estés muy bien y el Señor te acompañe. Que estos próximos días, hasta que nos veamos, Él te use como agente de restauración y reconciliación en tu entorno.

Walter: Gracias Luciano. Que el Señor esté contigo también.

DESPUÉS DEL ENCUENTRO EN CASA DE LUCIANO

Daniela: Hola, mi amor. ¿Cómo fue tu tiempo con Walter? Y si, ya sé que vuestras conversaciones son confidenciales. No pido detalles, sólo generalidades para saber cómo está.

Luciano: (Riendo). "Ni bajo tortura me sacarás una palabra. Tuvimos un buen tiempo juntos. Es un muchacho deseoso de encontrar y seguir la voluntad del Señor y, en esencia, de eso estuvimos platicando.

Daniela: ¿Vas a continuar con él?

Luciano: ¡Claro! Tengo un compromiso de orar por él de forma general y, ahora, de forma específica por el contenido de nuestra conversación. Lo estaré haciendo hasta nuestro próximo encuentro en quince días.

Daniela: ¿Cómo sientes que está yendo tu acompañamiento espiritual de Walter?

Luciano: Bien. Creo que el muchacho va creciendo en su seguimiento de Jesús. Veo que mis reflexiones, escucharlo y preguntarle le son de gran ayuda. Estoy muy contento de poder ser su mentor y empoderarlo.

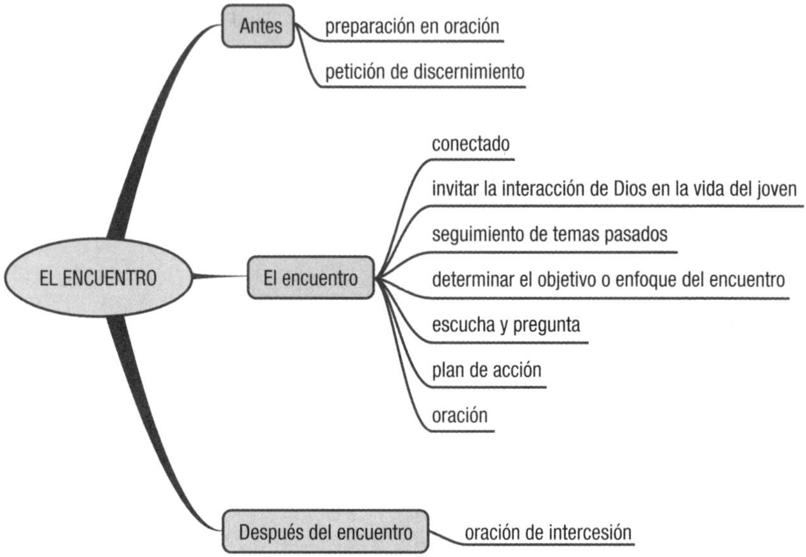

¿CON CUÁNTA FRECUENCIA SE DEBERÍA LLEVAR A CABO EL ENCUENTRO?

No hay una norma escrita que lo regule. Déjame, sin embargo, compartir contigo alguna de mis observaciones al respecto. Siempre existe una diferencia entre lo ideal y lo posible. Personalmente creo que lo ideal es hacerlo una vez cada quince días. Esto permite suficiente tiempo para que la persona a la que estás acompañando espiritualmente haya podido tener vivencias suficientes para hacer significativo el encuentro y también tiempo para poder trabajar aquellas metas que hayan podido nacer de vuestro tiempo anterior juntos. La finalidad es evitar que el encuentro llegue a convertirse en algo rutinario y mecánico, desprovisto de sentido y significado.

Por otra parte, excesiva distancia entre los encuentros tampoco es buena. Piensa que si tomáis la decisión de veros una vez al mes, si por cualquier causa no es posible llevar a cabo el encuentro, pueden pasar dos meses enteros sin que haya habido ningún contacto entre el mentor y el joven. Si eso, porque la vida es dinámica, se vuelve a dar, pudiera ser que la relación quedara interrumpida durante todo un trimestre; los lazos se aflojan y la intensidad del acompañamiento se puede perder.

Aunque lo anterior son consejos, lo cierto es que cada mentor establecerá con el joven el ritmo y la frecuencia que puedan y quieran establecer para ese proceso de acompañamiento. Cada joven y sus circunstancias son singulares, consecuentemente, también lo será la relación que se genere con el mentor y la frecuencia que decidan mantenerla.

EL ENCUENTRO VIRTUAL

Recuerdo que cuando estudiaba mi maestría en educación virtual, las cartas del apóstol Pablo eran mencionadas como uno de los primeros ejemplos de alguien que había decidido seguir educando a personas salvando las barreras de la distancia. Hoy, gracias a Dios, tenemos muchos más medios a nuestro alcance para poder salvar esas distancias y debemos hacerlo.

Skype, Hangouts, Facetime, Whatsapp, Telegram y otras muchas aplicaciones nos permiten una comunicación cara a cara a pesar de que no estemos físicamente presentes. Personalmente tengo la posibilidad de acompañar espiritualmente a personas que, no solamente viven en otras partes de mi país, España, sino que están en otros continentes del mundo. Los medios de comunicación me permiten tener todos los ingredientes del encuentro antes mencionados excepto el contacto físico.

Te comparto esto para animarte a que no te cierres mentalmente a la posibilidad de hacerlo. Yo también he pensado en el pasado que los latinos somos personas que necesitamos la presencia y el contacto físico; es verdad y estoy de acuerdo. Sin embargo, también me doy cuenta de que si Pablo ya supo ver la necesidad de superar las barreras de espacio y tiempo, nosotros deberíamos seguir su ejemplo y seríamos malos mayordomos si no usamos los recursos a nuestra disposición. Además, después de haberlos usado, puedo asegurarte que funcionan y muy bien. Muchas de las grandes urbes de nuestros países tienen gigantescos problemas para desplazarse de un lugar a otro debido a las distancias y el tráfico automovilístico. Usar los medios antes descritos puede permitirnos continuar acompañando al joven, ser un mentor para él a pesar de esas barreras. El encuentro virtual puede seguir las mismas pautas ya descritas para el encuentro físico. Puedes seguir el modelo ya descrito.

Vas avanzando capítulo a capítulo. Reflexiona sobre el mismo, inclínate hacia atrás para que generes distancia y aumentes tu perspectiva de lo que has leído (recuerda que ese es el significado de la palabra reflexión). ¿Cuáles han sido las tres cosas más significativas que has leído? Por favor, anótalas en el espacio aquí provisto.

1. ____

____

2. ____

____

3. ____

____

Gracias por tomarte el tiempo. Ahora una cosa más. La reflexión siempre nos ha de llevar a la acción. ¿Qué vas a hacer, qué paso práctico vas a llevar a cabo –por pequeño que sea- como consecuencia de tu reflexión? ¿Cuándo (lo más específico que te sea posible) lo vas a realizar? Por favor, de nuevo anota ambas cosas en el espacio provisto.

____

____

El cuidado del mentor

Capítulo 8

Venid aparte conmigo.
Vamos a descansar un poco
en algún lugar solitario.

Jesús

Muchos de nosotros hemos viajado en avión y con mayor o menor atención hemos escuchado las instrucciones de seguridad que la tripulación, siguiendo las normativas internacionales, acostumbran a compartir con los pasajeros. Entre ellas están las relativas al uso de las mascarillas de oxígeno en caso de descompresión de la cabina. Todas las compañías, ¡sin excepción!, indican que antes de ayudar a otros pasajeros, que por cualquier circunstancia necesiten asistencia para ajustarse la suya, la persona debe colocarse su propia mascarilla; entonces y sólo entonces estará en condiciones de poder ayudar a otros. Esta anécdota me sirve para poder introducir un tema que es muy importante: el cuidado que el mentor debe tener de su propia vida, pues en caso de no hacerlo no estará en condiciones de acompañar a otros espiritualmente.

Si vas a aceptar el reto de ser un mentor y acompañar espiritualmente a otros debes cuidar tu propia vida y caminar con Jesús. Por eso quiero compartir contigo algunos principios que considero son necesarios para que cuides tu vida y de ese modo puedas cuidar a otros.

SEGUIMIENTO DE JESÚS

Pablo, escribiendo a los corintios, les invitó a ser imitadores suyos del mismo modo que él lo era de Jesús. El propio término acompañamiento espiritual nos sugiere que nosotros mismos estamos en el camino en un proceso de seguimiento de Jesús. No puedes acompañar a otros a lugares que aún no has visitado; serías, como afirma el propio Maestro, un ciego guiando a otro ciego. No solamente estarías tú mismo en peligro sino que expondrías a otros.

¿Qué significa esto en términos prácticos? Pasar tiempo con el Señor de forma periódica en oración, lectura, estudio, reflexión y aplicación de las Escrituras. Vamos, lo que habitualmente conoces como una vida devocional activa. Leer la Biblia no es un lujo para ningún cristiano, es una necesidad. Pero lo es aún más para cualquiera que haya tomado el compromiso de guiar espiritualmente a otros. La Palabra es, haciendo una analogía con los teléfonos celulares, nuestro sistema operativo que nos permite procesar y responder a la realidad compleja, volátil, ambigua y cambiante en que vivimos y viven los jóvenes a los que hemos tomado la responsabilidad de acompañar.

UNA VIDA COHERENTE

El diccionario de la Real Academia de la Lengua Española define coherencia como una actitud lógica y consecuente con los principios que se procesan. Los jóvenes no buscan -¡porque saben que no existen!- mentores perfectos, pero sí coherentes. Ya has visto que ésta es una de las características que los jóvenes del continente piden de sus potenciales mentores.

Personalmente entiendo que un mentor coherente es aquel que tiene la voluntad de responder a los requerimientos del Señor con respecto a sus actitudes, motivaciones, acciones y omisiones. Sin duda todos tenemos puntos ciegos, es decir, cosas en nuestras vidas de las cuales no somos conscientes; pero el seguidor de Jesús dará muestras de coherencia actuando sobre esas áreas cuando el Espíritu del Señor así se lo muestre. No estoy afirmando que, en ocasiones, no sea duro, difícil y costoso, que no haya lucha y tensión, pero lo hará.

Del mismo modo la coherencia en el mentor se muestra cuando trata de forma intencional y voluntariosa de vivir conforme a los principios y valores del Reino y está dispuesto a introducir los cambios necesarios en su vida conforme su comprensión de la voluntad de Dios va ampliándose.

UNA VIDA EXAMINADA

Dijo el Señor Jesús que el Espíritu nos guiaría a toda la verdad y nos enseñaría todas las cosas (Juan 14:26; 16:13). La vida coherente exige, demanda una vida examinada; una vida que es presentada ante el Señor para que pueda ser evaluada, escudriñada, para que Jesús, por medio de su Espíritu, eche luz sobre aquellas áreas oscuras y sombrías donde nosotros no podemos o no queremos ver. Personalmente tengo el hábito de acabar cada día presentando mi corazón ante el Señor siguiendo lo sugerido por David en el Salmo 139:23 y 24:

> *Dios mío,*
> *mira en el fondo de mi corazón,*
> *y pon a prueba mis pensamientos.*
> *Dime si mi conducta no te agrada,*
> *y enséñame a vivir*
> *como quieres que yo viva. (TLA)*

Debemos vivir vidas examinadas porque hemos de enseñar a los jóvenes a los que acompañamos espiritualmente a que hagan lo mismo. Sócrates, el gran filósofo griego, afirmó: "Una vida no examinada no es digna de ser vivida". Si no procedemos de forma regular a ese examen de nuestras vidas caemos en el riesgo de ir escorando en nuestro seguimiento de Jesús, de ir perdiéndolo de vista poco a poco, y de que llegue un momento en que ya no lo estemos siguiendo a Él, que nos hayamos desviado y, consecuente y peligrosamente, estemos desviando a otros del auténtico camino.

RENDICIÓN DE CUENTAS

El apóstol Pablo en 1 Corintios 10:12 afirma:

> *Por lo tanto, el que piense que está firme, tenga cuidado de no caer.*

Creo que todos los seguidores de Jesús hemos de ser muy conscientes de nuestra vulnerabilidad; no tener conciencia de la misma o no prestarle atención, es en sí mismo un signo de peligro como nos indica Pablo. De forma práctica estoy sugiriendo que todo seguidor de Jesús debería tener al menos una persona –a parte del Señor, o incluso además del esposo o esposa- con el cual uno pudiera ser total, absoluta y brutalmente honesto sin miedo a ser juzgado, rechazado, criticado o dañado.

La vergüenza es la conciencia de no ser el tipo de personas que deberíamos ser; es una de las consecuencias del pecado. Tú y yo somos conscientes de que no estamos a la altura, de que no damos la talla. Pero no me refiero únicamente a las expectativas que el Señor tiene de nosotros, ni siquiera de las que nosotros tenemos sobre nosotros mismos. Albergamos pensamientos, deseos, actitudes y motivaciones que, en ocasiones, nos asustan y en otras hacen que sintamos asco de nosotros mismos. Por eso necesitamos tener alguien con quien podamos abrir nuestro corazón, explicar qué sentimos y deseamos, qué haríamos si pudiéramos. Alguien a quien expresar nuestras áreas de oscuridad y vergüenza sin el temor a ser rechazados ni dañados. El mentor para mantener una espiritualidad saludable debe tener esta estructura de rendición de cuentas en una persona o grupo. Es una necesidad vital, no estoy hablando de un lujo.

LÍMITES

Tienen como finalidad protegerte a ti mismo y también a la persona a quien acompañas espiritualmente. Recomiendo altamente que ese proceso lo lleves a cabo con personas de tu mismo sexo. Pablo escribiendo a los efesios afirma:

> *No le den oportunidad al diablo. (Efesios 4:27 DHH).*

No me importa en absoluto parecer anticuado en este punto. Debes proteger a la persona a la que acompañas, debes protegerte tú mismo y la relación de acompañamiento. No es cuestión de que uno no quiera. Se trata de que, en ocasiones, uno no puede evitar que se generen sentimientos y emociones que, aunque tal vez sean legítimos en sí mismos, no deben interferir ni contaminar la relación de acompañamiento espiritual. Tal vez tú puedas controlar y gestionar adecuadamente con el Señor esas emociones, sin embargo, no puedes garantizar que la persona a la que acompañas sepa, pueda o quiera hacerlo.

Nuevamente, por eso es importante que si ejerces de mentor tengas una estructura de rendición de cuentas y una vida examinada. Creo que ésta última por sí misma no es suficiente. Jeremías nos enseña que el corazón del ser humano es engañoso y, en ocasiones, vemos aquello que deseamos ver e ignoramos aquello que nos disgusta o contraría. La persona con quien lleves a cabo ese proceso de rendición de cuentas puede darte una visión objetiva sobre la situación que tus emociones te impiden ver; incluso puede recomendarte que abandones esa relación de acompañamiento.

La vida examinada y la rendición de cuentas pueden protegernos de relaciones que sean disfuncionales o poco saludables. Esto puede darse tanto por tu parte como por la de la persona acompañada. Pueden generarse relaciones de dependencia en uno u otro sentido que adulteren el propósito y sentido del acompañamiento. Puedes usar a la otra persona para satisfacer tu necesidad de sentido, propósito y significado y mantenerla en una situación de dependencia emocional y espiritual que contradice el sentido mismo de ser un mentor: empoderar al otro. Por su parte, el joven puede idealizar la relación con el mentor y ver en él al padre o la madre que no tuvo o que ha estado ausente. Este tipo de relaciones pueden y deben ser evitadas con límites saludables.

RECREACIÓN

No uso la palabra en el sentido de entretenerse o divertirse, aunque sean valores legítimos. La utilizo más bien en el sentido de generar la energía emocional, física, mental, intelectual y espiritual que nos permita poder seguir adelante con nuestra vida y el acompañamiento de otros. Dios estableció el Sabbat como un día para parar toda actividad y proceder a ese proceso de recreación, de generar nuevas fuerzas parar para poder continuar. No podemos dar a otros aquello que carecemos; recrearnos no es un lujo, es una necesidad de todo seguidor de Jesús para poder continuar siendo agentes de restauración y reconciliación en un mundo roto. Lo es, aún más si cabe, para aquellos que hemos tomado el compromiso de acompañar y animar a otros en su seguimiento del Maestro.

En términos prácticos estamos hablando de:

1. Tiempos de descanso físico.
2. Tiempos de renovación intelectual y aprendizaje (cada persona tiene su propio estilo de aprendizaje, por tanto, busca aquel que más se adecue a tu singularidad, ¡pero búscalo!
3. Tiempos de renovación emocional.
4. Tiempos de interacción con otros creyentes donde tu rol no sea el de dar, sino el de recibir o, a lo sumo, el de compartir entre iguales.

El capítulo ha llegado a su fin, reflexiona sobre el mismo, inclínate hacia atrás para que generes distancia y aumentes tu perspectiva de lo que has leído (recuerda que ese es el significado de la palabra reflexión). ¿Cuáles han sido las tres cosas más significativas que has leído? Por favor, anótalas en el espacio aquí provisto.

1. ____

____

2. ____

____

3. ____

____

Gracias por tomarte el tiempo. Ahora una cosa más. La reflexión siempre nos ha de llevar a la acción. ¿Qué vas a hacer, qué paso práctico vas a llevar a cabo –por pequeño que sea- como consecuencia de tu reflexión? ¿Cuándo (lo más específico que te sea posible) lo vas a realizar? Por favor, de nuevo anota ambas cosas en el espacio provisto.

____

____

____

____

____

____

____

Algunas herramientas prácticas

Capítulo 9

Los pensamientos
humanos son aguas profundas;
el que es inteligente los
capta fácilmente.

Proverbios

Precisamente de eso va este capítulo. Quiero compartir contigo algunas herramientas que pueden serte de gran ayuda en tu trabajo de acompañamiento espiritual, en tu ejercicio como mentor. Las mismas están extraídas de mi libro «El modelo COACH para líderes juveniles», publicado por Editorial Vida y Especialidades Juveniles. Si deseas adentrarte más en estas herramientas te aconsejo su lectura, será un buen complemento de este libro. Aquí, por tanto, sólo las mencionaré brevemente.

LA ESCUCHA ACTIVA

«...Pues les hablé y no escucharon, los llamé y no respondieron». Esto le dice Dios al profeta Jeremías. De hecho, la falta de escucha del pueblo es uno de los lamentos que de forma constante el Señor declara a lo largo de las páginas del Antiguo Testamento. Santiago, el hermano del Señor Jesús afirmó:

> *Mis queridos hermanos, pongan atención: Todos ustedes deben estar listos para escuchar, pero deben ser lentos para hablar y para enojarse. (Santiago 1:19).*

Escuchar empáticamente al joven a quien acompañas espiritualmente es tremendamente poderoso. Cuando alguien nos escucha nos sentimos valorados, importantes, acogidos, aceptados, tenidos en cuenta. Cuando alguien nos escucha nos está mostrando que tiene interés en nosotros, en nuestras vidas, situaciones, necesidades, luchas, procesos. Cuando alguien te escucha te está dedicando su tiempo y, consecuentemente, te está dando su vida, pues el tiempo es la materia de la que está compuesta la vida. Del mismo modo todos hemos experimentado en alguna u otra ocasión lo mal que uno se siente cuando es consciente de no ser escuchado. Nos hace sentir poco importantes, rechazados, ignorados, infravalorados, humillados, no tenidos en cuenta y otros sentimientos similares. Sólo quería que vieras cuánto valor podemos dar al joven y cuánto bien le podemos hacer por el simple hecho de escuchar. Pero también lo contrario es cierto, cuánto daño podemos hacer al negar nuestra escucha y acogida al joven.

En coaching tenemos una regla que creo que es válida también para el acompañamiento espiritual. La llamamos la regla 80/20. Significa que cuando ejerzas como mentor te asegures que sólo hablas el 20% de tu tiempo y generas la oportunidad y el espacio para que el joven lo haga el 80% restante.

Finalmente quiero animarte a que escuches no únicamente con tus oídos. En el Salmo 40:1 leemos:

> *Puse mi esperanza en el Señor; él se inclinó hacia mí y escuchó mi lamento. (BLP).*

El gesto de inclinarse para oír mejor. Debes escuchar con tu **lenguaje corporal**. Es decir, todo tu cuerpo, tus gestos, tu mirada deben mostrar que realmente estás atento, concentrado (no en tu celular) sino en el joven.

También debes **escuchar con tu mente**. No permitas que otros pensamientos llenen tu cerebro; no estés pensando en la respuesta que vas a darle a continuación; no divagues, céntrate en aquello que el joven dice y en lo que no está diciendo.

Escucha con tus palabras. Parafrasea lo que el joven te está diciendo; haz preguntas de aclaración cuando sea necesario, no des por sentado que entiendes lo que dice, puede ser que lo estés procesando en base a tu propia experiencia. No interrumpas; no cuentes tus historias (por interesantes que te parezca que son). Resume lo que has escuchado y entendido cada cierto tiempo.

Escucha con tu intuición. Es la facultad de comprender las cosas instantáneamente, sin necesidad de razonamiento. De este modo define el diccionario la intuición. Déjate guiar por la intuición y, cuando sea necesario, haz las preguntas pertinentes para confirmar o desechar tus intuiciones.

Finalmente, **escucha con el Espíritu Santo.** Ya te comenté sobre la importancia de invitar al Espíritu de Dios a nuestros encuentros de acompañamiento espiritual. Escucha lo que Él puede estar diciéndote; dialoga con Él sobre las impresiones que sientes o piensas que pone en tu corazón sobre la situación y la realidad del joven.

LAS PREGUNTAS PODEROSAS

Lyle Schaller, una de las personas que más ha influido en el cristianismo de los Estados Unidos y recientemente fallecido, afirmó en una ocasión:

> *La mejor manera de influir en la conducta de un individuo o institución es hacer preguntas.*

La gran pedagoga Jane Vella autora del libro «Learning that last» (Aprendizaje que perdura), afirmó en relación a las preguntas:

> *Las preguntas abiertas son la única práctica segura que invita al pensamiento crítico y al aprendizaje eficaz.*

Es cierto. Las preguntas nos ayudan a ver la realidad desde perspectivas y posibilidades que nunca antes habíamos imaginado; nos fuerzan a pensar; generan reflexión y abren nuevos universos.

Dios es un especialista en hacer preguntas y así lo vemos en las páginas tanto del Nuevo como del Antiguo Testamento. En Génesis 3 le preguntó a Adán acerca de dónde estaba. Como ya te señalé anteriormente, no con el interés de precisar su ubicación geográfica, sino de hacerle reflexionar sobre su relación con el Creador. En Génesis 4 una nueva pregunta poderosa le es hecha a Caín. Elías, Job y varios de los profetas se vieron confrontados con las preguntas del Señor destinadas a generar en todos ellos reflexión. Creo que conoces lo suficientemente bien el ministerio de Jesús como para que no tenga que hacer referencia a cómo usó las preguntas en su trabajo de formar hombres y mujeres.

Las preguntas son un arma poderosa en manos del mentor. Eso sí, debes siempre usarlas en beneficio del joven a quien estás acompañando espiritualmente, no para satisfacer tu curiosidad sana o insana.

RETROALIMENTAR

Pablo afirmó escribiendo a los efesios:

> *En cambio, hablaremos la verdad con amor y así creceremos en todo sentido hasta parecernos más y más a Cristo, quien es la cabeza de su cuerpo, que es la iglesia. (Efesios 4:15 NTV).*

Retroalimentar es precisamente eso, decirle a otro con amor, aquellas partes de la realidad de las cuales no es consciente y tú como mentor sí lo eres.

Tú y yo tenemos puntos ciegos. Es decir, partes de la realidad que otros ven pero que están fuera de nuestra percepción. Es por medio de la retroalimentación que podemos reducir esos puntos ciegos. En el proceso de acompañamiento espiritual hay tres formas en las que podemos dar ese tipo de información al joven con quien trabajamos.

La primera, como ya te mencioné en otro apartado de este libro, es por medio de **la vida examinada**. El Espíritu Santo nos guía a toda la verdad. Como mentor harás bien en pedirle al joven que de forma regular, o en situaciones que tu discernimiento así te indique, pase tiempo a solas con el Señor buscando de parte de Él retroalimentación sobre aspectos específicos de su vida. El Espíritu de Dios tiene una gran capacidad para iluminar nuestros puntos ciegos, ¡te lo aseguro! Recientemente he comenzado a leer de nuevo el libro de los salmos, en esta ocasión en una versión llamada «La Biblia del peregrino». Allí encontré este versículo en el salmo 64 que está directamente relacionado con la vida examinada:

> *Los escruta el mismo que escruta hasta lo íntimo del hombre, y la profundidad del corazón.*

Precisamente el diccionario define la palabra escrutar como: indagar, examinar cuidadosamente, explorar.

La segunda es **la retroalimentación que el mentor provee.** Aquí hay tres puntos que me gustaría comentarte. El primero es la motivación. Damos retroalimentación porque queremos que la persona sea consciente de puntos ciegos que pueden estar bloqueando su caminar con Jesús. No es una excusa u oportunidad para la crítica o el juicio. La segunda es la actitud. Como el apóstol Pablo nos indica hemos de hacerlo con amor, plenamente conscientes de que también nosotros tenemos nuestros puntos ciegos. La tercera y última es la metodología. La retroalimentación tiene que ser concreta y específica. Hemos de mencionar hechos, actitudes, motivaciones, acciones u omisiones de forma clara y concisa. De lo contrario, la retroalimentación no beneficiará a la persona.

La tercera es **la auto retroalimentación.** Es decir, aquella que el joven genera por sí mismo. Esta puede ser muy útil y puedes incorporarla de forma sistemática en tu encuentro de acompañamiento espiritual. Hay tres preguntas muy simples y básicas que pueden ayudar al joven del cual eres mentor a generar retroalimentación sobre su vida y caminar con el Señor:

a. ¿De qué formas prácticas has imitado a Jesús y actuado como agente de restauración y reconciliación desde la última vez que nos vimos?

b. ¿Qué deseas mejorar?

c. ¿Qué deseas hacer diferente la próxima vez?

Estas tres preguntas, con toda su simpleza, pueden ayudar al joven a echar un vistazo a sus puntos ciegos. Así mismo, y como ya te comenté cuando hablamos de las preguntas, usa éstas para generar en el joven auto retroalimentación. Recuerda que aquello que descubra por sí mismo será mucho más significativo que todo lo que tú puedas señalarle. Tienes, en definitiva, tres formas de ayudar al joven con quien trabajes a disminuir sus puntos ciegos; úsalas con sabiduría y discernimiento. Por cierto, ¡no olvides tus propios puntos ciegos! No te vayas a convertir en aquel que ve la paja en el otro e ignora su propia viga.

ESTABLECER METAS

Hay algunos fragmentos de la Biblia que vale la pena usar para introducir esta herramienta:

> *No todos los que se dirijan a mí llamándome «Señor, Señor», entrarán en el reino de los cielos. Allí sólo entrarán los que obedezcan a mi Padre que está en el cielo. (Mateo 7:21).*
>
> *Pero el que oye mis enseñanzas y no las pone en práctica, es como el tonto que edificó su casa sobre la arena. (Mateo 7:26).*
>
> *Pongan en práctica la palabra y no se limiten a sólo escucharla pues de otra manera se engañan ustedes mismos. El que escucha la palabra pero no la pone en práctica es como el que mira su cara en un espejo y, en cuanto se va, se olvida de cómo era. Pero el que pone su atención en la ley perfecta que da libertad, y sigue en ella sin olvidar lo que ha oído y hace lo que ella dice, será dichoso en lo que hace. (Santiago 1:22-25).*
>
> *Si entienden esto y lo hacen serán dichosos. (Juan 13:17).*

El conocimiento por sí mismo no genera cambio ni transformación. Para que esto suceda, como puedes apreciar en estos versículos de la Palabra, éste debe trasladarse a la acción. Por eso es importante que cuando acompañes espiritualmente a los muchachos y las muchachas te asegures de que cualquier nuevo descubrimiento que lo exija sea, lo más pronto posible, traducido en acción.

La diferencia entre un deseo, una inquietud, una buena intención y una auténtica meta radica en que ésta última tiene un plan para llevarla a cabo. Estoy convencido de que todos los jóvenes desean parecerse más y más a Jesús. Pero muchos no pasan de ahí, del deseo, nunca lo plasman en un plan de acción que les ayude a moverse desde dónde están a dónde quieren ir.

El mentor debe ayudar a la persona que acompaña espiritualmente a traducir los descubrimientos en metas y acciones prácticas. Por eso te propongo un patrón muy simple para que te asegures que el joven pasa de las buenas intenciones a la acción transformadora. Lo denomino metas MARTE; se trata de un acróstico para indicar las características que debería tener una meta:

> **M**edible, su cumplimiento se puede medir y comprobar
>
> **A**lcanzable, con esfuerzo es posible conseguirla
>
> **R**elevante, es importante, tiene sentido para la persona
>
> **T**emporizada, con fecha límite para ser realizada
>
> **E**specífica, clara, no ambigua

Estoy seguro de que un ejemplo te puede ayudar a una mejor comprensión:

> Deseo: Quiero que el carácter de Jesús sea más evidente en mi vida
>
> Meta: A partir del día primero del próximo mes voy a tratar a todos mis compañeros de la oficina con gracia, misericordia y perdón como lo haría Jesús si estuviera en

mi lugar; de este modo reflejaré en mi vida ese aspecto del carácter del Maestro.

¿Me supe explicar con suficiente claridad?

RENDICIÓN DE CUENTAS

Tratemos de ayudarnos unos a otros para animarnos al amor y a hacer el bien. (Hebreos 10:24).

Así se expresa el anónimo autor de esta carta de la Biblia. Existe un gran poder motivador en el hecho de tener que rendir cuentas en cuanto a los compromisos que libremente hemos decidido tomar ante personas que nos aman.

Charles Duhigg, en su libro «The power of habit. Why we do what we do and how to change», (El poder del hábito. Por qué hacemos lo que hacemos y cómo cambiar), indica que la evidencia científica afirma que los cambios se dan con más facilidad y tienen más permanencia en el tiempo cuando se dan en el contexto de una comunidad. Según demuestra este autor, la persona debe creer que el cambio es posible y, con mucha frecuencia, esta creencia sólo florece en un contexto comunitario. De ahí la importancia del apoyo por medio de la rendición de cuentas.

Fíjate en estas dos preguntas:

¿HAS LLEVADO A CABO TUS COMPROMISOS?

¿QUÉ PROGRESO HAS EXPERIMENTADO EN TUS COMPROMISOS?

Mira cuidadosamente las diferencias. La primera de ellas, en mi opinión, tiene un claro matiz de juicio que puede poner al joven en una actitud de tener que justificarse y defenderse. Además, nos da a nosotros una posición de autoridad. Todo es blanco o negro, sí o no. No hay lugar para matices.

La segunda se centra en el progreso por poco o por mucho que se haya llevado a cabo. Es positiva, da por sentado que la persona ha llevado a cabo algún tipo de esfuerzo y pretende construir desde el mismo, nuevamente, por mínimo que sea. Celebramos lo logrado y trabajamos sobre aquello que no se ha alcanzado.

El cuadro que te muestro a continuación puede darte una idea visual acerca de cómo llevar a cabo la rendición de cuentas de los compromisos acordados con la persona que acompañas espiritualmente.

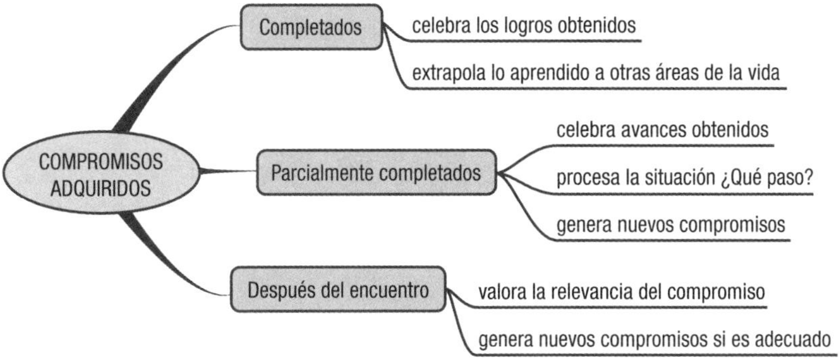

Acabaste el capítulo, reflexiona sobre el mismo, inclínate hacia atrás para que generes distancia y aumentes tu perspectiva de lo que has leído (recuerda que ese es el significado de la palabra reflexión) ¿Cuáles han sido las tres cosas más significativas que has leído? Por favor, anótalas en el espacio aquí provisto.

1. ______________________________

____

2. ______________________________

____

3. ______________________________

____

Gracias por tomarte el tiempo. Ahora una cosa más. La reflexión siempre nos ha de llevar a la acción. ¿Qué vas a hacer, qué paso práctico vas a llevar a cabo –por pequeño que sea- como consecuencia de tu reflexión? ¿Cuándo (lo más específico que te sea posible) lo vas a realizar? Por favor, de nuevo anota ambas cosas en el espacio provisto.

¿Y si nunca tuve un mentor?

Capítulo 10

No soy la persona que debería ser.
No soy la persona que me gustaría ser
y no soy la persona que espero ser.
Pero por la gracia de Dios,
no soy la persona que
acostumbraba a ser.

John Newton

autor del himno "Sublime gracia."

Yo tuve la bendición de tener un mentor, una persona que me acompañó espiritualmente en los comienzos de mi caminar con el Señor. También, como ya te expliqué, otras personas han ejercido y siguen ejerciendo con mayor o menor intensidad ese rol en mi vida incluso hoy en día. Pero es posible que te preguntes: "¿Y si nunca tuve un mentor, cómo puedo ejercer esa función con otros?". Es una buena y legítima pregunta.

Debo reconocer que la experiencia de haber tenido un mentor ha sido, al menos en mi vida, fundamental. La relación que Dino estableció conmigo sigue siendo, aún hoy en día, el referente que inspira mi trabajo de acompañamiento espiritual a otros. Sin duda, con el paso del tiempo yo he generado mi propio estilo, he añadido mi propio sabor y enriquecido con mis propias y singulares experiencias vitales, pero sigo repitiendo los mismos principios básicos.

Entonces, ¿qué sucede si tú no has tenido esa experiencia? ¿Cómo puedes poner en marcha un proceso que tú mismo no has experimentado nunca? Quiero compartir contigo dos reflexiones al respecto.

La primera, si puedes y quieres busca un mentor; toma la iniciativa de pedirle a alguien que te acompañe espiritualmente. Si eres una persona de edad avanzada (como es mi caso), tal vez precisas una relación entre iguales en vez una de guía y seguidor. Afirmaría que sería más beneficioso para ti encontrar un compañero de viaje más que un guía en el proceso de seguimiento de Jesús. Una persona con quien puedas ser tú mismo, abierto, real, humano, honesto y vulnerable. Alguien con quien puedas establecer una relación de reciprocidad, entre iguales, tal y como dice Proverbios 27:17:

> *Para afilar el hierro, la lima; para ser mejor persona, el amigo. (TLA).*

Josep, un profesor de universidad en Barcelona, sería para mí ese compañero de viaje con quien puedo ser yo mismo, total y completamente honesto y transparente. No espero de él respuestas ni soluciones, simplemente que me acompañe en el camino, que sepa estar ahí.

Pero si eres joven, o aunque no lo seas lo deseas, te animo a que busques un mentor, alguien que pueda guiarte en tu seguimiento de Jesús. Tal vez viene a tu mente la pregunta ¿Cómo encontrar un mentor? ¿Qué características debo buscar en el mismo? La bien conocida organización cristiana "Enfoque en la familia" indica que cuando busques un mentor deberías de tener en cuenta estas características que reproduzco para ti:

1. Una persona que sea honesta contigo y que será capaz de hablarte la verdad en amor.
2. Una persona que tú identifiques como un modelo. Alguien digno de imitar.
3. Alguien que vaya a ser capaz de comprometerse a fondo contigo y que, por tanto, esté dispuesto a dedicarte su tiempo.
4. Una persona abierta y transparente. Dispuesta a compartir contigo aquellas cargas personales que tú tengas la capacidad de sobrellevar.
5. Un maestro que tenga la capacidad relacionar la Palabra con tu vida cotidiana.
6. Alguien que crea en tu potencial y vea en ti más allá de lo aparente, que sepa verte como Dios te ve.
7. Alguien que pueda ayudarte a encontrar tu propio y singular camino en el seguimiento de Jesús.
8. Exitoso a tus ojos.

9. Una persona que no únicamente está dispuesta a enseñarte, sino también a aprender de ti.
10. Comprometido a ayudarte a desarrollar tus metas y no a imponerte las suyas.

Ahora quiero compartir contigo aquellas características que yo buscaría en una persona para que fuera mi mentor. Como ya te he dicho en alguna otra ocasión, las comparto más a nivel descriptivo que prescriptivo.

1. Buscaría alguien que **me inspirara con su estilo de vida**. Soy consciente de que aquello que inspira a unos deja indiferente a otros. Pero como cada uno de nosotros somos únicos y singulares hay cosas que nos resultan de suma inspiración a cada uno de nosotros. Para mí, personalmente, son de inspiración aquellos que están comprometidos con desarrollar el potencial de otros.

2. Buscaría alguien **lleno de gracia.** A lo largo de mi dilatada carrera de seguimiento de Jesús he aprendido que la gracia es lo único que puede cambiar y transformar a las personas. No en vano, como dice el evangelio de Juan, el Maestro vino lleno de gracia. Habitualmente las personas llenas de gracia son aquellas que han aprendido a vivir con su realidad imperfecta como seres humanos. Al haber experimentado ellos mismos la gracia restauradora del Señor en sus vidas, esto les permite otorgar gracia a aquellos que hay a su alrededor. Tienen bien interiorizado el principio bíblico *que de gracia dan porque de gracia recibieron*. Estas personas acostumbran a aceptar y amar incondicionalmente; acogen sin juzgar, sin que ello implique que estén necesariamente de acuerdo con lo que hacemos o dejamos de hacer.
   Precisamente porque están llenas de gracia y saben vivir

con sus propias miserias y contradicciones permiten que nos acerquemos a ellos y podamos ser vulnerables y abiertos con nuestra propia realidad como seres humanos. Podemos estar seguros de que no vamos a ser rechazados, juzgados, heridos, manipulados y de que el mentor no va a sentir horror o asco de nuestra realidad pues conoce la suya propia y ha experimentado en su propia vida de primera mano la gracia.

3. Buscaría alguien **dispuesto a hablarme la verdad con amor.** Ya te hablé acerca de los puntos ciegos que todos tenemos en nuestra vida. Yo quisiera un mentor que me amara tanto que estuviera dispuesto a "arriesgar" nuestra relación confrontándome con la verdad cuando lo considerara necesario. Personalmente, me gustara o no, lo agradecería. Yo necesito un Natán en mi vida, alguien que de parte del Señor sepa y quiera confrontarme.

Pienso en muchas otras características pero, de una manera u otra, quedan englobadas en esas tres que te acabo de compartir. De hecho, quisiera invitarte a que en el espacio que he provisto más abajo pudieras hacer dos cosas. La primera es pensar en qué características te gustaría que tuviera tu potencial mentor (en caso de que no lo tengas). La segunda es que pienses quién en tu entorno podría ser tu mentor; esto último puede requerirte oración pidiéndole al Señor te ayude a discernir quién podría ser esa persona.

Características que desearía en un mentor

Quién en mi entorno podría ser mi mentor

La segunda reflexión (recuerda que la primera era buscar un mentor) tiene que ver con la posibilidad de que en tu entorno no haya –o no percibas- nadie que pudiera ser tu mentor o tu compañero espiritual. Eso puede ser que te limite pero no te incapacita. Es cierto que carecerás de ese referente que yo y tantos otros hemos tenido, pero no es menos cierto que en el trabajo de Jesús, el ejemplo de Bernabé y en los principios compartidos en este libro puedes encontrar recursos que te ayudarán a ser un mentor y a acompañar espiritualmente a otros. Además, no olvides que Jesús vive en ti por medio de su Espíritu y es su promesa que te guiará a toda la verdad y te proveerá del discernimiento y la sabiduría necesarios. Carecer de un mentor no deja de ser, por otro lado, un reto y un aliciente para ti. Ofréceles a los jóvenes a los que acompañas todo aquello que tú hubieras deseado que un mentor te hubiera ofrecido. Todo esto sin dejar de pedirle al Señor que ponga en tu vida alguien que pueda ser o tu mentor o tu compañero espiritual.

Lo que quería compartirte en este capítulo se acabó, reflexiona sobre el mismo, inclínate hacia atrás para que generes distancia y aumentes tu perspectiva de lo que has leído (recuerda que ese es el significado de la palabra reflexión). ¿Cuáles han sido las tres cosas más significativas que has leído? Por favor, anótalas en el espacio aquí provisto.

1. ______________________________

____

2. ______________________________

____

3. ______________________________

____

Gracias por tomarte el tiempo. Ahora una cosa más. La reflexión siempre nos ha de llevar a la acción. ¿Qué vas a hacer, qué paso práctico vas a llevar a cabo –por pequeño que sea- como consecuencia de tu reflexión? ¿Cuándo (lo más específico que te sea posible) lo vas a realizar? Por favor, de nuevo anota ambas cosas en el espacio provisto.

____

____

____

____

____

____

____

Como comenzar UNA RELACIÓN de acompañamiento ESPIRITUAL

Capítulo 11

Seremos semejantes a él.

Juan

Me gustaría ser muy práctico en este capítulo y poderte guiar paso a paso en el proceso de comenzar una relación de acompañamiento espiritual con un joven.

PASO 1: HABLA CON EL SEÑOR ACERCA DE TUS MOTIVACIONES

¿Qué te motiva a querer ser el mentor de un joven? Un diálogo honesto y abierto con el Señor es algo previo y necesario a tomar la decisión de acompañar espiritualmente a alguien. Pablo, escribiendo a los filipenses, en el capítulo 2 nos indica que debemos tener la misma actitud que tuvo Jesús, el servicio. El propio Maestro nos indicó que la grandeza en el Reino se mide en términos de servicio a otros. Que Jesús sea formado en la vida de los jóvenes y lleguen a ser agentes de restauración y reconciliación debe ser la motivación que impulsa a ser un mentor. Otras razones: influencia, poder, reconocimiento, no deberían estar presentes y el mentor hará bien en identificarlas cuando aparezcan y lidiar con ellas por medio de un franco y abierto diálogo con el Señor.

PASO 2: TOMA LA INICIATIVA

En este sentido te remito al capítulo "El camino de Emaús" donde ya comenté la importancia de acercarnos al joven en su realidad y tomando la iniciativa.

PASO 3: ESTABLECE METAS DE ACOMPAÑAMIENTO

Ya hemos hablado que el acompañamiento se enmarca dentro de un contexto teológico y que queremos unirnos a Dios en el trabajo de que Jesús sea formado en el joven y éste sea un constructor del Reino de Dios en todos los entornos donde el Señor lo tenga ubicado. Pero ese es un proceso que durará toda una vida y en el que de forma constante debemos ir avanzando.

Por eso necesitamos objetivos más operativos, más a medio y corto plazo. Pasos prácticos que, conforme los vamos alcanzando, nos van acercando a nuestra meta final. Esos objetivos nos darán un sentido de dirección, nos ayudarán a poder ver el progreso y el crecimiento –con la motivación que eso comporta- y, finalmente, nos permitirán identificar los medios necesarios para la obtención del objetivo que perseguimos.

Quiero introducirte un instrumento que he usado a menudo en mi trabajo como coach y mentor acompañando a otras personas en sus procesos de crecimiento. Se denomina la rueda de la vida.

LA RUEDA DE LA VIDA

Es un instrumento muy útil para comenzar el trabajo de acompañamiento espiritual con un muchacho o muchacha. Lo es porque tiene varias ventajas:

La primera es que define las áreas más importantes del proyecto vital de un joven. Además deja libertad para añadir aquellas que puedan ser singulares o peculiares en la vida de una persona.

La segunda es que ayuda a que el joven pueda hacer una evaluación honesta del grado de satisfacción que está experimentando en cada una de esas áreas. Además, el plasmarlo gráficamente le ayudará a una mejor comprensión de su situación.

La tercera es que reta al joven a qué piense cómo le gustaría estar, vivir y experimentar cada una de las áreas ya mencionadas. Nuevamente, al igual que el paso anterior, es una invitación a la reflexión.

La cuarta es que junto con el mentor el joven diseñará pasos prácticos que le ayudarán a moverse desde donde está hasta donde desea estar.

Todo este proceso hará que el acompañamiento espiritual sea rico, lleno de contenido y que se mueva en la dirección de formar a Jesús en la persona y ayudarla a que sea un agente de restauración y reconciliación. Todo ello dando espacio para los temas puntuales que la vida, con su carácter dinámico, vaya aportando a la relación de acompañamiento espiritual.

Las áreas de la rueda de la vida y su explicación

1. FAMILIA
2. MAYORDOMÍA DEL CUERPO
3. MAYORDOMÍA DE LA MENTE
4. MAYORDOMÍA DEL TIEMPO
5. MAYORDOMÍA DEL DINERO
6. COMPROMISO CON UN MUNDO NECESITADO
7. ESPOS@/NOVI@
8. AMISTADES
9. COMUNIÓN CON DIOS
10. COMPROMISO CON OTROS SEGUIDORES DE JESÚS
11. ESTUDIOS/TRABAJO
12. OTRAS (propia y singular del joven)
13. OTRAS (propia y singular del joven)

Las arriba mencionadas y abajo descritas son algunas de las áreas básicas de todo seguidor de Jesús. Como verás, he dejado un par de espacios para poder incluir otros aspectos que pueden ser únicos y singulares de la persona a quien acompañes espiritualmente.

Voy a explicarte el significado de cada una de estas áreas y después te indicaré cómo usar la rueda en un proceso de acompañamiento espiritual.

1. FAMILIA

   Mi relación con mi familia nuclear, mis padres, mis hermanos, mis abuelos, mis hijos. (Excluye la espos@ porque hay un apartado específico para ello).

2. MAYORDOMÍA DEL CUERPO

   Mi relación con mi cuerpo entendiendo que éste es la morada del Espíritu de Dios. Incluye ejercicio físico, alimentación adecuada, descanso y todo tipo de hábitos saludables.

3. MAYORDOMÍA DE LA MENTE

   El cuidado y nutrición de mi mente. Todos los productos intelectuales –libros, audios, vídeos, sitios de Internet, música- que consumo y que la alimentan y, consecuentemente, moldean mi forma de pensar y ver el mundo.

4. MAYORDOMÍA DEL TIEMPO

   Como indica la Escritura, aprovechar bien el tiempo debido a la época en que vivimos. Establecer prioridades claras, poner primero lo primero, asegurarme de que hay tiempo para todo aquello que es importante y necesario. Donde se va el tiempo se va la vida.

5. MAYORDOMÍA DEL DINERO

   La mayordomía del dinero no es únicamente una cuestión de dar una parte de nuestros recursos tal y como indica la Biblia. Tiene que ver también con la forma en que usamos aquello que retenemos y asegurarnos de que está en línea con la voluntad de Dios.

6. COMPROMISO CON UN MUNDO NECESITADO

   Nuestra responsabilidad y llamamiento a ser agentes de restauración y reconciliación. La proclamación del Reino mediante la verbalización del mensaje y la demostración por medio de las obras de amor, justicia y misericordia.

7. ESPOS@/NOVI@

Mi relación con la persona con la que estoy compartiendo o voy a compartir un proyecto de vida bajo la guía y voluntad de Dios.

8. AMISTADES

La influencia que ejerzo y ejercen sobre mí las personas de mi círculo más cercano.

9. COMUNIÓN CON DIOS

La práctica en mi vida de aquellas disciplinas espirituales (tales como la oración, la lectura de la Biblia, el silencio, el retiro espiritual, el discernimiento u otras propias de mi tradición denominacional) que me ayudan a conocer más y más a Jesús y a que su carácter se desarrolle en mi vida, de modo que ésta refleje, cada vez más, la forma de pensar y vivir del Maestro.

10. COMPROMISO CON OTROS SEGUIDORES DE JESÚS

La experiencia del seguimiento de Jesús nunca puede ser individual y solitaria. La Palabra, por medio de los pasajes llamados de mutualidad (los unos a los otros), nos insta a vivir comprometidos con el crecimiento y bienestar de nuestros hermanos en la fe.

11. ESTUDIO/TRABAJO

El grado de satisfacción de mi trabajo/estudio. Mis logros en esta área y la medida en que están alineados con la gran historia de Dios.

12. OTRAS

13. OTRAS

CÓMO USAR LA RUEDA DE LA VIDA EN EL ACOMPAÑAMIENTO ESPIRITUAL

1. Piensa en cada una de las áreas arriba mencionadas (no olvides incluir otras allí no representadas). Puntúa de 1 (totalmente insatisfecho) a 10 (totalmente satisfecho) tu grado de satisfacción en cada una de ellas.

2. Une las secciones y colorea cada área de tu vida.

3. Si has obtenido una baja puntuación en alguna de las secciones, tu rueda dejará de ser redonda, tendrá un aspecto dentellado; si fuera un vehículo no podría circular con facilidad.

4. ¿Qué puedes hacer para mejorar esas secciones? Dialoga al respecto con tu mentor. De todas ellas, ¿cuál es prioritaria para ti para comenzar a trabajar? Puede no ser excesivamente sabio intentar trabajar todas al mismo tiempo. Una o dos como máximo es recomendable. Se trata de comenzar un proceso de acompañamiento espiritual, no de solucionarlo todo en un día.

5. Una vez que decidas qué área o áreas vas a comenzar a trabajar, dialoga con tu mentor acerca de dos o tres pasos prácticos que puedes dar para avanzar en el desarrollo de esa área.

6. Marca en tu agenda cuándo vas a hacer cada paso.

7. Además de otros temas que la dinámica de la vida vaya aportando, el seguimiento de tus pasos prácticos formará parte de tu encuentro con tu mentor.

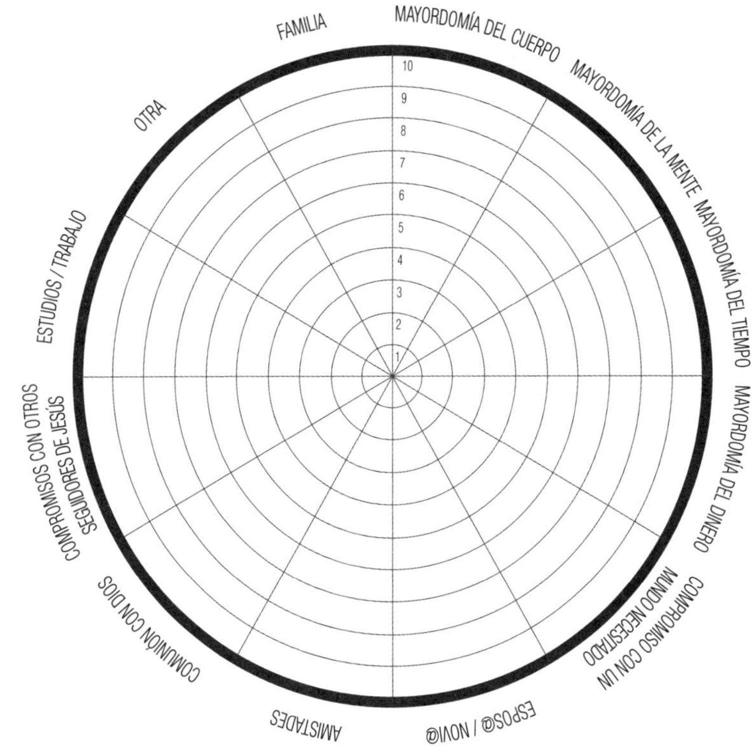

Este proceso puede realizarse cada cierto tiempo de mutuo acuerdo entre el mentor y el joven al que estás acompañando espiritualmente. Nuevamente quiero recalcar que el propósito es dotar de un sentido de dirección al acompañamiento espiritual, ayudar a que Jesús sea formado en la vida de la persona que acompañas y que ésta pueda ser un agente de restauración y reconciliación. Sin embargo, esta herramienta es meramente descriptiva, no prescriptiva; úsala tan sólo si la ves de utilidad en tu trabajo como mentor.

No quiero terminar este capítulo sin animarte, como en los anteriores, a reflexionar acerca de lo leído. Esta vez, sin embargo, te propongo un acercamiento diferente; simplemente, por favor, piensa y contesta estas preguntas:

1. ¿De qué modo la rueda de la vida puede serte de utilidad para ser más intencional en tu propio crecimiento?
2. Difícilmente podrás usar esta herramienta con otros si tú mismo no la has practicado. ¿Cuándo en tu agenda vas a tomar un tiempo para llevarla a cabo? Una vez que lo hayas hecho anota por favor:

Las dos áreas de desarrollo que quieres priorizar:

Los dos o tres pasos prácticos que darás para moverte hacia delante en el desarrollo de las mismas (no olvides las cualidades MARTE de las que ya te hablé):

3. ¿Qué has aprendido en el proceso de trabajar tu propia rueda de la vida?

4. ¿Qué utilidad le ves a la hora de acompañar espiritualmente a los jóvenes?

A modo de CONCLUSIÓN

Nadie muestra más amor
que quien da la vida [tiempo]
por sus amigos.

Jesús

Nada es más sorprendente, en mi humilde opinión, que el gran misterio de la encarnación. El hecho de que Dios decidiera dejar su gloria para bajar a nuestra miserable realidad y caminar en medio nuestro, caminar con nosotros, ser como uno de nosotros y compartir toda la experiencia humana, incluyendo la tentación y la muerte, con la única excepción del pecado. Todo ello con la intención de enseñarnos lo que significa ser verdaderamente humanos. Todo ello con la finalidad de enseñarnos cómo vivir. Todo ello para que pudiéramos llegar hasta el Padre y experimentar su gracia, su amor, su perdón y su aceptación incondicional.

Estoy convencido de que, salvando todas las distancias, este es el llamado del mentor, vivir entre los jóvenes, acercarse a su realidad, caminar con ellos para enseñarles a ser esos hombres y mujeres nuevos de los que habla el evangelio. Enseñarles a construir el Reino siendo agentes de restauración y reconciliación en un mundo totalmente roto y enseñarles a acercarse al Padre. Siento que no hay llamamiento más sublime que mostrarles el camino a otros y acompañarlos. Además es un llamado al alcance de todo aquel que, de forma honesta y coherente, está siguiendo a Jesús.

Es una realidad que nuestros sistemas de transmitir la fe a las nuevas generaciones cada vez son más ineficaces –si entendemos por eficacia el obtener los resultados que esperamos-. El mundo ha cambiado y tenemos por delante el reto de pasar la fe a nuevas generaciones que no responden a los viejos patrones educativos –sin importar cuánto nos esforcemos por mejorarlos o refinarlos-. Son muchachos y muchachas que procesan la vida y la realidad de formas diferentes a las nuestras y, por tanto, no responden a aquellos acercamientos que para nosotros fueron exitosos y pensamos que todavía lo son. Sin embargo, estas generaciones, como indican los estudiosos de las mismas, están deseosas de referentes, de personas de carne y hueso que las tomen en serio y que generen espacios de seguridad y autenticidad donde la fe pueda ser dialogada y las dudas, las angustias y las implicaciones abiertamente expuestas.

El trabajo del mentor, el acompañamiento espiritual, está llamado a ser la gran estrategia de transmisión de la fe para los nativos digitales y, maravillosamente, es algo que los emigrantes digitales podemos hacer de forma efectiva.

Es mi deseo que este libro pueda contribuir a ese noble e increíble propósito.

No quiero dejar de dar las gracias a Sara, mi esposa, por la corrección

Inicial del manuscrito, a Ezequiel Simari y Sofía Cáceres de la agencia digital YEAH por sus gráficos y dibujos y al equipo de e625.com por trabajar el contenido final.

Lo que los JÓVENES y no tan jóvenes ESPERAN DEL MENTOR

"El mayor bien que puedes hacer
por otro no es solo compartir
tu riqueza interior,
sino revelarle la suya".

Benjamin Disraeli

Aquí están todos los comentarios recogidos en Internet en respuesta a la pregunta: SI TUVIERAS UN MENTOR ¿CUÁL SERÍA LA MEJOR APORTACIÓN QUE PODRÍA HACER A TU VIDA?

- Paternidad.
- Promover la incomodidad.
- Guiar, crecer.
- Ayudar a buscar tu profesión, ¡aquello que te motiva!
- Modelar vulnerabilidad, servicio y genuino interés por otros en un ambiente de gracia, verdad y tiempo.
- Ayudarme a depender de Jesús.
- Recomendación de buenos libros que me acompañen en el viaje de aprendizaje. Tiempo juntos y mucha honestidad para poder tratar temas y dudas.
- Que me escuche y guíe en el camino de aprendizaje a ser imitador de Jesús.
- Ayudarme a confiar en mí mismo.
- Estar ahí.
- Oración continua.
- Relación con Dios, consejo y guía.
- Ayudar a tener capacidad para liderar mi vida y la de otros.
- Ayudarme a abrir los ojos y poder reconocer que nada puedo hacer para que me ame más.
- Seguimiento.
- Que me ayude a desarrollar mis dones.
- Que lleve a la persona del éxito al significado de vida.

- Ayudarme a procesar y reflexionar experiencias, desafíos, desarrollos, y acompañarme en el camino; que en lugar de hacer sólo, hagamos juntos.
- Que confíe en mí, al punto que me transfiera todo lo que él es.
- Que yo pueda ver en él, cómo vive y encarna lo que me enseña.
- Que sea un compañero en el desarrollo de la plenitud de vida.
- Acompañamiento cercano donde pueda tener la confianza de expresar mis inquietudes, dudas y temores y lo suficientemente lejano para que yo pueda ser autónomo y tomar mis propias decisiones.
- Desafiarme cada día a ser más como Jesús.
- Incomodarme, desafiarme a salir de mi zona de confort al ayudarme a percibir nuevos niveles en mi vida.
- Compañero de trinchera...
- Ejemplo.
- Un tiempo de calidad «cara a cara» cada cierto tiempo.
- Que sea auténtico, cercano y consecuente.
- Dedicación sin cansancio.
- Que me permita saber y acompañarlo en sus tiempos de debilidad y fracasos así podré aprender cómo actuar cuando pase también por lo mismo.
- Darme (o devolverme) la capacidad de soñar.
- Ayudar a potenciar mis talentos y habilidades.
- Crear un entorno lo suficientemente seguro para preguntarle y explicar lo que no puedo contar a nadie más.

- Decirme lo que piensa de verdad.
- Motivarme a no perder el norte... ir más allá en la búsqueda de Cristo... saliendo de mi zona de confort...
- Un pilar en el que apoyarme, contando con su atención, cuidado, tiempo, experiencia y consejo.
- Enfoque y compañía.
- Sinceridad, sobre todo si tengo oportunidades de cambios y también coherencia en sus acciones.
- Confianza y paciencia.
- Un amigo que permanece, dispuesto para enseñar.
- Conocerle al punto de saber de sus logros y caídas en el caminar y ver que es humano como yo. Cae, se levanta y sigue adelante.
- Modelo y disponibilidad.
- Modelo y carácter.
- Fidelidad y disponibilidad en la enseñanza de la construcción de mi crecimiento.
- Ayudarme a ser una persona dependiente de Dios, que guarda la esperanza en Dios en medio de la debilidad y las fortalezas.
- Respuestas.
- Confianza, diálogo, desahogo y crecimiento.
- Que me ayude a no dejar de proponerme metas.
- Brindarme apoyo y comprensión, sin condiciones. Que me aporte seguridad para ser yo mismo, transparente sin miedo a ser juzgado.
- Modelar a Jesús y ser vulnerable.
- Apoyo, modelaje, orientación, organización personal.

- El mejor aporte sería ayudarme a no distanciarme de la humanidad única dada por Dios entendiendo un poco más las crisis, las caídas y el proceso de levantarme nuevamente fortalecido por Dios.
- Que pueda sentirme libre con él, para abrirle sin temor mi corazón.
- Que me haga las preguntas difíciles que me cuesta enfrentar en mi camino con Jesús y me acompañe en la búsqueda de respuestas.
- ¡¡¡Que me impulse a desarrollar todo el potencial que Dios sembró en mi vida!!!
- Coherencia y respeto...
- Escucharme y guiarme.
- Respeto, amor, confidencialidad.
- Demostrarme con sus acciones lo que predica con su boca.
- Amor y respeto.
- Que me acompañara en los momentos buenos y en los malos y que nunca me juzgara, así sabría que puedo confiar y contar con él.
- ¡Su ejemplo impregnado de amor y conocimiento!
- Transparencia de ambas partes.
- Ser fiel en orar por mí.
- Que sea congruente con lo que enseña y reservado con lo que escucha, desafiante y de vanguardia.
- Modelarme. Ejemplo de vida.
- Ser clarificador en momentos de desafíos, de igual manera ser confiable (manejar mi información de manera confidencial).

- Modelaje, integridad.
- Ayudarme a llegar donde debo llegar, por ejemplo. Supongo que iría viendo y descubriendo otras facetas a mejorar.
- Acompañarme confiando en mí y desafiarme a ser mi mejor versión.
- Creer que yo puedo cumplir con la voluntad de Dios.
- Orientación, motivación y amistad.
- Rendirle cuentas para conseguir aquello que me propongo para mejorar.
- Ayudarnos a estar en el sendero indicado también desafiándome para ser alguien mejor y ayudarme a superar.
- Compañero.
- Escucharme, escucharlo, dialogar y reflexionar (pasando tiempo juntos).
- Ayudarme a construir carácter para emprender, medir el riesgo y mantener el ánimo cuando fallo y ante la adversidad.
- «Enseñarme con hechos lo que me enseña con palabras».
- Confidencialidad y aceptación así me ayuda a seguir creciendo y no me siento juzgado ni rechazado.
- Que me modele a Jesús con su vida, que dé un buen y sabio consejo, que escuche y que me guíe a escudriñar más la Biblia.
- Que sea profundamente humano y se identifique conmigo. Y juntos busquemos a Dios.

- Ayudarme a ver aquellas cosas (actitudes) que no veo por mí mismo.
- Que me diga los que piensa dejando a un lado lo políticamente correcto.
- Acompañamiento.
- Ayudarme a conectar los sueños y desafíos de mi vida con la voluntad de Dios, apoyando en el proceso el desarrollo de mi carácter.
- Poder hablar, escuchar, reflexionar, aprender practicando.
- Acompañarme en el proceso de escuchar directamente la voz de Dios para crear una única dependencia de él.
- ¡¡¡Llevarme a Jesús!!!
- Ayudarme a diseñar futuro a partir de mis fortalezas.
- Experiencia y compañerismo incondicional.
- Enseñarme a crecer por mí mismo en todas las áreas de la existencia. Dejando que mi libertad esté presente y mostrándome él también su verdadero yo, siendo ejemplo transparente de su realidad.
- Amor incondicional por encima de mis errores y caídas, todo esto producto de una relación mentor-joven. La mayoría de los líderes no se relacionan con sus discípulos.
- Alguien que aplauda mis aciertos y no me juzgue por mis errores ayudándome a corregirlos.
- Una persona que no se ruborice cuando diga algún improperio o cuando le confiese algún error y me ayude a rectificarlo con misericordia y con gracia.

- Que su vida sea tan desafiante que pueda sacar lo mejor de mí.
- Sér auténtico. Mostrarse como una persona real. Que sus fallos y piedras en el camino, que el pecado que no logra superar no le impida desafiarme a llegar más lejos que él.
- Que me escuche sin cuestionamientos...
- Acompañarme sin excusas.
- Que sea consecuente, no un fanático religioso sino un ejemplo de vida. Jesús fue el mejor ejemplo.
- Inspirarme a ser como Jesús.
- Un mentor debe ser un ejemplo con palabra, espíritu y su forma de vivir.
- Que camine conmigo, levantándome cuando me caiga, llamándome la atención cuando esté mal y escuchándome cuando necesite desahogarme.
- Que potencie mis habilidades y que refuerce mi identidad.
- Ejemplo, sincero.
- Confianza, sin máscaras.
- Integridad, liderazgo inspiracional, que me ame lo suficiente para tomarme cuentas y corregirme cuando sea necesario.
- Alguien que no tema hablar de sus propias luchas y fracasos.
- Mostrarme un Jesús encarnado pese a su frágil humanidad.
- Que me ayude a descubrir el valor de ser quien soy y de quienes me rodean.

- Callarse pero seguir a mi lado aunque viera que me estoy equivocando. (¿No es exactamente lo que hace el Señor?).
- Que me enseñe que de lo simple y sencillo Dios hace cosas extraordinarias.
- Que me de visión y me desafíe a ir por más.
- Sin lugar a dudas mi mentor es una persona consecuente entre lo que dice y lo que hace.
- Lo que Pablo hizo a Timoteo, ayudarle a desarrollar confianza en sí mismo y ser competente a través de la combinación de su experiencia personal y la enseñanza de las Escrituras.
- El mejor aporte es que con su ejemplo me enseñe a dar amor, integridad y perdón.
- Que acompañe incondicionalmente.
- Que tenga el teléfono encendido para poder conectar fácil con él.
- Aconsejarme en áreas que uno sin darse cuenta descuida.
- Alguien cercano con quien pueda ser yo misma pero que me rete a no quedarme como estoy sino a buscar ser más como Jesús y la persona que Él me ha llamado a ser.
- Que vea en su vida una relación verdadera con Jesús... el resto me impactará.
- Que esté presente en los buenos momentos y en los malos y que afirme, corrija y aliente.
- Acompañar y compartir experiencias.

- Que crea en mí y me ayude a conocer de tal manera que pueda sacar el mayor provecho de mis capacidades.
- La confianza que solo puede dar un buen amigo.
- Sea quien me haga las preguntas difíciles, esas preguntas que nadie se atrevería a preguntar. Por ejemplo: ¿cómo está tu economía?, ¿cómo está tu vida sexual?, ¿cómo está tu mente?
- Ayudarme a aplicar en mi contexto el estilo de vida de Jesús.
- Ayudarme a sentirme seguro en mis decisiones.
- Su conocimiento y acompañamiento en los procesos.
- Que con su vida y enseñanzas me muestre el poder de la Palabra de Dios.
- Que me comunique que me ama.
- Invertir su vida en amor para cuidarme, y nutrirme con miras a formar a un discípulo para gloria de Dios.
- Que me muestre el camino de la gloria de Dios por sobre todas las cosas. Que me transmita paz y amor.
- Invitarme a ser y a ser en Cristo.
- Que me ayude a recordar el punto de vista de Cristo en mi vida cotidiana.
- A tener conciencia de que el liderazgo no se trata del líder en sí, si no de las personas que lo rodean y están en su círculo de influencia.
- Ser capaz de oír cualquier cosa de mí sin escandalizarse...
- Que se pusiera en mi lugar y me enseñara sin miedo la verdad.

- Tener apertura y vulnerabilidad, para que yo la tenga.
- Amarme y prepararme para el camino que tengo que transitar hacia los propósitos de Dios.
- Llevarme a metas específicas que cumplan el plan De Dios para mí vida.
- Que el joven no está solo en la vida.
- Enseñarme por el camino que tengo que andar.
- Escuchar.
- Ejemplo de vida, motivación vivencial y real de la fe en Cristo, no solo teoría.
- Su mayor aportación sería su amistad sincera (transparente) y una fe sencilla. Que sus palabras hacia mí siempre contengan gracia y verdad.
- Creo que ayudarme a ser honesta conmigo misma, a ver más claro.
- Que no se rinda conmigo y me ame muy a pesar de mis malas decisiones. Que tenga el valor para mostrarme el camino y enseñarme la verdad.
- Que crea en mí.
- Que me acompañe en mis tiempos de transición y que pueda mostrarme los principios bíblicos en su vida.
- Que me acompañe en el proceso y me sugiera según el modelo de Dios.
- ¡Rendir cuentas para lograr metas!
- Enseñar a vencer el miedo a emprender nuevos proyectos.
- Mostrarme a Jesús en su vida, siendo ejemplo en todos los aspectos.

- Su amor incondicional para cuidarme, escucharme y sobre todo su ayuda para encontrar mi camino en nuevos procesos como seguidor de Jesús.
- Sacar de su tiempo para compartir espacios diferentes en la iglesia y que con sus aportes, por ejemplo su conducta, me inspire a creer en la obra transformadora de Cristo. Que su vida sea un ejemplo de constancia y que cada palabra que diga lleve el sello de una vida transformada por Dios.
- Encontrar en él un igual con el cual poder hablar de cualquier tema sin que por ello tuviésemos que sentir vergüenza. Como amigo incondicional que sabe oír, pero también aconsejar.
- Agregar valor a mi vida, ayudando a mejorar mis actitudes, valores, ayudar a mejorar mi espiritualidad y motivarme a mejorar mis capacidades.
- Que su vida y sus palabras sean reflejo de que necesito fallar para aprender y que debo equivocarme si quiero crecer.
- Que pueda generarme esa confianza y la seguridad de rendir cuentas y que me ayude a avanzar sin sentirme señalado.
- Que represente un modelo de Jesús para mí, alguien a quien yo desee imitar.
- Que me muestre amor incondicional y se esfuerce con toda intención e iniciativa para que yo piense y viva como Jesús.
- Que me acompañe de acuerdo a mis dones y talentos, a mi modelo mental y sobre todo que me brinde un mentoreo bíblico.

- Ayudarme a comprender que siempre hay tiempo para cambiar y hacerlo bien.
- Que se interese realmente en mi vida, que con amor y honestidad me ayude a ver mis áreas de oportunidad y a ampliar mi visión, compartiendo su experiencia sin miedo a verse vulnerable.
- Que me guíe a una vida de dependencia total hacia Dios.
- Permitirme crecer junto a él y llegar a ser buenos compañeros de camino; un simple apoyo y referente con quien poder hablar y compartir sabiendo que va a escucharme y ayudarme de la mejor manera aunque a veces no sea agradable lo que escuche... Que realmente tenga interés en mi persona y crecimiento...
- Que dirija mis pasos como un hermano mayor con todo el amor fraternal que esto representa.
- Acompañar y enseñar a elegir tus decisiones.
- Conocerme antes de querer disculparme.
- Que dirija el rumbo de mi vida.
- Que en esos momentos donde uno pierde el enfoque sea capaz de aconsejarme y de tal forma poder volver a mi centro. Así también, hacerle mil preguntas y lograr tener respuestas con fundamento sin que uno sea criticado por las cosas que piensa o por aquellas cosas que lo hacen dudar.
- Que me ayude a empoderarme en todas las áreas de mi vida.
- Que me incite a pensar, especular, discernir y finalmente tomar posición y decisiones.
- Que me ayude a recordar que dependo Dios.

ALGUNAS PREGUNTAS QUE DEBES RESPONDER:

¿QUIÉN ESTÁ DETRÁS DE ESTE LIBRO?

Especialidades 625 es un equipo de pastores y siervos de distintos países, distintas denominaciones, distintos tamaños y estilos de iglesia que amamos a Cristo y a las nuevas generaciones.

ZONA DE CONTENIDO
PREMIUM

¿DE QUÉ SE TRATA E625.COM Y QUÉ ES EL SERVICIO PREMIUM?

Nuestra pasión es ayudar a las familias y a las iglesias en Iberoamérica a encontrar materiales de calidad y recursos para el discipulado de las nuevas generaciones. Por eso, existe e625.com que te sirve los 365 días del año con cientos recursos gratis.

Además, existe PREMIUM, nuestra zona de contenido a la que podes acceder con una suscripción como iglesia y/o ministerio para obtener más recursos espectaculares para usar con el liderazgo y las familias de tu iglesia local.

INSTITUTO

¿PUEDO EQUIPARME CON USTEDES?

Contamos con nuestro Instituto e625 Online, que ofrece diplomados para el ministerio generacional, cohortes pastorales certificadas y clínicas específicas con temas relevantes.

Para conocer nuestra propuestas de formación ministerial ingresa a: www.institutoe625.com

¡APRENDAMOS JUNTOS!

e625.com

/e625COM

SUSCRÍBETE AHORA
Y ACCEDE A TODAS
LAS CATEGORÍAS CON
DESCARGAS ILIMITADAS
PARA TU MINISTERIO.
e6
25
.com
ZONA DE CONTENIDO
PREMIUM
e625.com/premium
Lecciones, Packs, bosquejos, guías, videos, investigaciones y mucho más.

Suscripción de
materiales premium
para iglesias
Tienda con envíos
internacionales
Investigaciones 6.25
Chat en
tiempo real
Seminarios para
iglesias locales
Editorial
Eventos de
actualización
ministerial
INSTITUTO
e6
25
Educación online
www.institutoe625.com